부부·가족 인형치료

최 광 현 저

한국인형치료연구회

시작하며

IMF이후 한국은 세계에서도 유례를 찾아보기 어려울 정도로 높은 이혼율과 가정의 해체가 가속화되었다. 이러한 가족의 위기와 갈등 상황 속에서 스트레스를 받은 자녀들은 정상적인 발달과정이 어려워지고 수많은 문제행동과 정서적 문제를 갖게 되었다. 이것은 한 개인과 한 가족의 문제로 끝나지 않고 공교육과 사회복지 등 사회적으로 공론화 될 수밖에 없는 다양한 이슈들을 유발시켰다. 그 결과 한국은 아시아권 국가 중에서 가장 아동청소년심리치료가 체계적으로 갖추어진 국가가 되었다. 다양한 상담지원체계를 통해 심리적, 정서적, 행동의 문제를 가진 아동과 청소년에 대한 지원이 가능하게 되었다. 적어도 한국의 아동청소년심리치료 영역은 아시아를 뛰어넘어 세계적으로 충분한 경쟁력이 있는 수준으로 성장을 하고 있다. 그러나 아동청소년이 갖는 위기와 문제에 대해 소위 '매트리스'와 같은 역할을 하는 가족문제에 대한 심리상담적 서비스와 돌봄체계 그리고 부부·가족상담의 실천영역은 아직 충분하지 못한 것이 현실이다. 부부·가족상담의 영역은 심리상담의 한 분야이지만 부부·가족의 갈등이 가진 복잡성으로 인해 단순히 개인 심리상담적 접근만으로는 성공률이 낮을 수밖에 없다. 특히 한국에서 부부·가족상담 영역에서 활동하는 상당수의 상담사들이 이러한 부부·가족상담에 대한 전문적 훈련과 경험이 부족하다는 것도 낮은 성공률의 한 원인이 된다. 또한 북미에서 도입된 부부·가족상담 모델이 아동청소년상담에 비해 더욱 복잡하지만 정작 성공률이 낮은 것도 한 원인이 된다. 전통적인 부부·가족상담은 프로이트 이후 사용하게 된 언어적 상담방법을 기본 도구로 사용하고 있다. 소통을 위한 훌륭한 도구인 언어를 기반으로 한 대화는 의미 있는 도구이지만 부부·가족의 복잡성을 언어로만 소통하는 것은 한계가 있다. 언어적 소통을 도와줄 수 있는 매체의 활용이 절실하게 필요하다. 가족인형은 이러한 한계성을 극복할 수 있는 의미 있는 매체가 된다. 가족구성원들이 형성하고 있던 관계와 의사소통체계, 그 속에 내재되어 있는 정서와 기대체계를 표현하는데 가족인형은 저항을 최소화시키면서 드러나게 해준다. 이 책은 가족인형을 통해 급증하는 부부·가족의 위기와 갈등을 해결하기 위한 안내서의 역할을 할 것이다. 가족인형을 어떻게 임상현장에서 사용하며, 여기에 어떤 의미와 해석이 가능한지에 대한 실천적 내용을 담고 있다. 아무쪼록 이 책을 통해 수많은 위기에 처한 부부·가족들을 위한 돌봄의 가능성이 제공되기를 소망한다.

2018년 6월 9일

광교산 아래 숲속마을에서

최 광 현

목 차

Ⅰ. 부부 · 가족치료를 위한 인형치료

프로이트 시대는 성적 억압으로 인한 히스테리환자가 치료를 위해 주로 내방하였으나 오늘날 내담자들의 주요 증상은 관계의 문제이다. 한병철(2012)은 "시대마다 그 시대의 고유한 주요 질병이 있다"고 말한다. 항생제가 개발되기 이전 시대에는 박테리아적인 질병들이 있었고 따라서 지난세기들은 면역학적 시대였다고 한다. 21세기는 이제 더 이상 면역학적이지 않고 신경증적이라고 말한다. 우울증, 주의력결핍과잉행동장애, 경계선성격장애, 소진증후군 등과 같은 신경성 질환들이며 이들 증상들은 관계적 차원과 연결되어있다.

전 세계적인 급속한 이혼율의 증가와 한 부모 가족의 증가는 전통적인 가족체계를 위협할 정도이며 이러한 가족의 해체와 모순성의 증가는 수많은 관계의 어려움과 갈등을 만들어 내고 있다. 부부와 가족을 위한 치료모델은 1950년대를 기점으로 폭발적인 성장을 하였으며 전 세계적으로 다양한 치료모델들이 개발되어 사용 중에 있다. 부부와 가족을 위한 치료모델들은 주로 가족체계이론을 바탕으로 관계와 의사소통 체계의 변화를 주요 주제로 삼고 있으며, 가족체계의 변화 또는 가족구성원들의 성장에 초점이 맞추어져있다. 대부분의 부부와 가족을 위한 치료모델들은 언어적 상담을 통해 치료과정이 진행된다. 이러한 부분은 기존의 부부와 가족치료가 갖고 있는 한계점이 될 수 있다. 갈등의 한복판에 놓여 있는 부부와 가족을 상담한다는 것은 대단히 힘든 작업이다. 이들 대부분은 상담실에서 너무나 많은 말을 쏟아 내려고 하고 자신들의 입장에서 갈등과 문제를 설명하려고 한다. 상담과정 안에서는 당연히 커다란 복잡성이 발생하게 되고 언어적 상담만으로 문제를 풀어가기 어려운 경우가 있다. 특히 위기 개입처럼 단기 부부 · 가족 상담을 해야 하는 상담사에게는 더욱 힘든 치료적 한계에 부딪치게 된다. 이러한 치료적 한계를 보완해 줄 수 있는 치료가 인형치료이다. 인형치료는 매체상담으로써 부부·가족문제가 가진 뒤엉킨 복잡성을 객관화 시킬 수 있는 치료적 가능성을 제시 할 수 있다.

1. 매체로서의 인형치료

부부와 가족상담을 위한 매체로 가족인형이 사용될 수 있다. 전통적인 가족치료 안에서 매체는 이미 사용되어 왔던 치료적 영역이다. 대표적인 것이 가족조각 기법에서 사용하는 인형이나 목공조각이다. 그러나 가족치료의 놀라운 성장과 광범위한 활용에 비하면 매체의 활용은 저조한 편이다. Gil(2016)이 지적했듯이 가족치료사들 안에서 매체의 활용을 꺼리는 분위기가 존재한다. 가족치료사들이 어떻게 매체를 사용해야 할지에 대한 기술 부족과 매체를 구매해야 한다는 것에 대한 부담감일 것이다. 또한 가족치료사가 매체를 활용하는 것이 전문적이지 않고 다소 유치한 행위이라고 인식하기 때문일 것이다. 따라서 오늘날 부부와 가족치료에 사용되는 전통적인 도구는 대화이다. 정신분석과 대화치료 등이 가진 개인상담의 한계를 벗어나기 위해 시작된 가족치료는 결과적으로 사용방법은 동일한 도구인 셈이다. 개인상담의 직선적 관점에서 체계적인 관점으로의 전환을 핵심주제로 삼는 가족치료에서 치료도구로 대화에 지나치게 치중했다. 임상 현장에서 매체의 적절한 사용은 참가한 부부와 가족구성원들 모두에게 가족체계를 객관적으로 인식하게 하는 가능성을 제공한다. 매체의 도움을 통해 부부와 가족상담은 부부와 가족구성원들에게 자발적인 참여를 이끌어 낼 수 있는 동기부여를 얻을 수 있다. 무엇보다 시각과 촉각을 사용하게 되는 가족인형은 가족구성원들로 하여금 가족체계에 대한 객관화된 인식과 통찰을 가능하게 해줄 수 있다. 가족인형은 모래놀이치료와는 달리 언어적 대화기법에서 보조 도구로 활용할 수 있다는 장점을 지닌다. 상담사는 많은 복잡성이 존재하는 부부·가족상담 현장에서 의사소통을 도울 수 있는 도구인 가족인형을 사용함으로써 치료적 가능성을 높일 수 있다.

2. 부부 · 가족을 위한 인형치료

가족인형은 사람의 모양을 하고 있는 피규어로 어린 아이로부터 노인에 이르기까지 가족생활주기의 다양한 가족구성원들의 모습을 표현할 수 있다. 성인 손 안에 잡히는 크기로, 작동하는데 용이하며 앉거나 숙이거나 손을 올리는 등 다양한 자세를 연출할 수 있는 유연성을 갖고 있다. 부부와 가족상담에서 가족의 일정한 행동양식과 특정 관계방식을 다룰 때 대화만으로 전달하는데 한계가 존재한다. 복잡한 관계와 행동방식을 설명하기 위해 대단히 많은 대화를 주고받아야하기 때문이다. 그러나 가족인형은 이러한 과정을 단순하게 만들거나 생략할 수 있게 하여 대단히 유용한 소통의 도구가 될 수 있다. 가족인형 역시 상징체계의 하나로 이것에 대한 사용방법과 기술을 훈련하는 것이 필요하다. 대화를 통한 상담과정 속에서 어떤 시기에 사용을 하며, 어떻게 가족인형을 사용하는지 그리고 어떤 과정으로 진행하는지에 대한 훈련이 필요하다. 가족인형이라는 상징체계로 부부와 가족구성원들과 대화하는 것이 익숙하지 않은 가족치료사들에게는 이 모든 것이 힘든 과정으로 느껴질 수 있다. 하지만 가족들과의 대화과정 속에 자연스럽게 사용되는 가족인형에 대한 가족구성들이 보이는 반응과 결과를 알게 되면 상징체계인 가족인형의 사용에 대한 동기를 부여받게 된다. 가족을 하나의 체계로 보고 접근하는 가족치료에서 문제는 원인과 결과의 환원적 결과물이 아닌 순환하는 체계의 문제로 보는 체계론적 접근에서 상징체계의 활용은 잘 부합되는 매체가 될 수 있다.

Ⅱ. 가족체계이론

1. 가족치료의 시작과 발전

가족치료의 역사를 정신분석처럼 단지 한명의 선구자를 통해서 서술하는 것은 불가능하다. 이미 20세기 상반기에 많은 정신분석가들은 인간의 심리적 내면에 대해서 관심 가졌을 뿐 아니라 인간 사회의 가장 작은 단위로서의 가족관계 차원의 의미에 대해서 알았다. 따라서 이미 1936년에 국제적인 정신분석전문가 협의가 스위스 니옹(Nyon)에서 "가족 노이로제와 노이로제적인 가족" 이라는 제목으로 열렸다. 이 분야에 대한 첫 번째 가장 중요한 작품은 그럼에도 불구하고 미국에서 출판되었다. 1940년에 Frieda Fromm-Reichmann에 의하여 출판된 "가족집단 안에서 어머니 역할의 필요"(Notes on the mother role in the family group)는 정신건강에서 가족의 영향에 대한 평가에서 일대 전환을 의미 한다. Erikson과 Sullivan과 같은 정신분석적인 배경을 가진 저술가들은 1950년대에 개인중심의 관점을 극복하는데 다다르게 된다. 가족연구에 새로운 방향전환이 이루어졌지만 본격적인 연구는 50년대 이후 Bateson, Lidz 그리고 Wynne 등을 통해서이다. 이들은 의사소통의 모든 언어가 정신분열의 발생에 중요한 역할을 한다고 보았다. 이것은 정신분열의 모든 증상과 상관관계를 갖는 특별한 가족 상호작용의 실례를 발견했다고 여겨진다. Bateson에 의해서 발전된 이중구속이론(Double bind)은 이중구속을 한 사람이 차이 있는 의사소통 위에 모순적인 정보에 노출되어지며, 이 모순된 상황으로부터 벗어날 수 없는 상태라고 서술될 수 있다. 이런 모순된 상태에 처한 사람은 그 자신의 중요한 면을 역설적인 방법과 종류 위에서 일그러뜨리고 부정하기 시작한다.

Bateson은 이런 종류의 왜곡된 의사소통이 가장 빨리 정신분열증상의 발생을 밝혀 줄 수 있다고 전제한다. Lidz는 관찰하길 정신질환을 앓고 있는 청소년을 가진 가족에게서 부부간의 관계가 대칭적이고 분열적인 것으로 평가될 수 있다고 한다. 청소년은 부모의 관계 장애에서 소급될 수 있는 특별한 상호작용의 전형 안에 묶여있다. 그는 세대 간의 경계선위반과 성의 경계선위반에서 올수 있는 한쪽 부모와 청소년 사이에 일종의 병리적인 동맹을 관찰하였다. Wynne은 정신질환자를 갖고 있는 가족들 안에서 "거짓적대성"(pseudohostility)의 현상을 관찰하였다. 이들 가족들 안에서 상이성과 이탈이 부정되어지고 은폐되어지는 반면에, 다정하고, 조화롭고, 사랑이 충만한 감정과 행동만이 인식될 수 있었고 겉으로 나타나 질 수 있었다. 유럽에서 첫 번째 가족치료의 선구자로서는 정신질환자들과 그들 부모를 대상으로 하는 "이중집단치료"를 수행한 오스트리아 빈의 Schindler로 여겨진다. 어린이 정신과 의사이며 심리치료사인 Ackerman은 이미 1938년에 치료를 위해 모든 가족 구성원들을 한 공간으로 불러 모았고 표현목적으로 이런 세션을 만들었다(김유숙, 2000).

가족치료는 처음에는 정신분석적인 사고형태에 의해 강하게 주조되었다. 이런 영향은 예를 들어 Ackerman, Wynne, Lidz 그리고 Whitaker 등으로 대표되는 초기 정신역동적인 가족치료모델들의 발전으로 이끌었다. 1950년대 초 미국에서 Satir와 Bowen에 의해 치료적인 목적을 가진 가족대화가 체계적으로 이루어졌다. Bowen에 의하여 발전된 다세대 가족치료와 Satir의 성장중심의 가족치료는 가족치료사들의 세대를 주조하였다. Haley와 Madanes로 대표되는 전략적 가족치료는 초기의 밀라노모델에 절대적인 영향을 미쳤다. 이러한 전략적 가족치료와 더불어 초장기에 밀라노모델에게 Boszormenyi-Nagy의 상황적인 가족치료모델과 Minuchin의 구조주의적 가족치료 역시 중요한 공헌을 하였다. 다양한 종류의 가족치료모델들은 그 사이에 엄청나게 성장하였고 새로운 가족치료 방법의 발전은 자주 이미 정신분석이나 행동치료 같은 개인치료에서 증명된 절차에서 비롯된 동기들에 의해 활성화 되었다. 체계적 치료의 첫 번째 모델은 1960년대와 70년대에 가족치료 안에서 발생하였다. 이 체계적 치료 발생에 중요한 공헌은 밀라노모델의 공간 속에서 발전 되었다. 가족치료의 모든 모델들이 사이버네틱스 제 1규칙으로 분류된다. 70년대 말부터 역시 사이버네틱스 제 2규칙과 포스트모던의 사고로 분류되는 체계적 가족치료의 개념들이 발전되었다. 예를 들어 구성주의, 이야기주의 그리고 사회적 구성주의의 가족치료 모델들이 여기에 속한다.

<상담모델들에 대한 비교>

구 분	인간에 대한 이해	치료적 접근	상담방법
심층심리학	무의식의 존재	무의식을 이해	자유연상, 꿈 분석
내담자 중심 상담	존중을 받을 가치를 가진 존재	주관적 경험세계의 이해	무조건적 공감과 수용
행동-인지 상담	학습되는 존재	재학습의 기회제공	행동수정 인지과정 변화
가족상담	체계로서의 존재	가족체계의 변화가능성 제공	관계체계, 의사소통체계의 변화

2. 체계이론과 부부 · 가족갈등

가족의 갈등을 처음으로 심리학의 영역에서 체계화시킨 사람은 Freud이다. 그는 갈등을 이드와 에고, 슈퍼에고의 부조화에서 발생되는 것으로 이해하였다. 이러한 갈등이해는 정신분석과 심층심리학에 강한 영향을 미쳤으며 인간갈등의 원인을 내적인 것으로 간주하게 하였다. 가족의 갈등은 가족구성원들의 내적인 자아 상태에서 발생하는 것뿐만 아니라 다른 가족들과의 관계에서 일어난다. 가족의 갈등을 가족들과의 관계와 의사소통에서 발생하는 것으로 보는 새로운 갈등 이해는 가족치료에서 기원된다. 현대의 심리치료방법 중에 하나인 가족치료는 가족을 하나의 체계(System)로 본다. 가족치료는 한 개인의 문제를 그 개인에게 돌리지 않고 그를 둘러싼 환경에 돌린다. 한 가족의 자녀가 탈선하여 문제아가 되거나 가족 구성원 중에 누가 심각한 문제를 갖는 것은 더 이상 당사자만의 문제가 아니라 그를 둘러싼 가족에게서 기인되는 것으로 본다. 또한 부부가족갈등은 그 가족체계의 복잡성과 가족을 둘러싼 다양한 환경과 밀접하게 연결되어 있다. 따라서 가족 안의 다양한 갈등은 갈등 당사자들의 개인적 문제가 아닌 가족의 구조와 시스템에서 기인될 수 있다. 이와같은 가족치료의 시스템 이해는 심리상담의 영역 안에서 이제 새로운 가족이해를 불러일으킨다. 가족치료의 체계론적 관점에서 보면 역시 부부간의 갈등도 더 이상 개인적 문제가 아니다. 가족 안에 불화가 있고 부부싸움이 끊임없이 발생하는 원인은 부부간의 성격과 자라온 배경의 차이와 더불어 그 가족이 가진 역기능적인 체계와 구조에 있다.

한 가족에서 계속된 갈등과 싸움의 원인은 개인과 개인의 문제가 아닌 가족의 구조와 시스템에 있다는 것을 알게 된다. 문제의 원인이 가족체계이면 해결방법은 역시 이 역기능적인 시스템을 다시 제자리로 돌려놓는 것이다. 이와같은 체계치료의 새로운 이해와 그에 대한 해결방법은 체계가족상담의 영역 안에서 더욱 발전하였다. 가족치료의 관점에서 보면 가족 안의 갈등도 더 이상 개인의 문제가 아니다. 갈등발생의 근본원인은 그 가족이 가진 역기능적인 체계와 구조에 있다고 본다. 체계론적인 관점 안에서 가족 안의 갈등과 문제는 두 가지 차원으로 분석되어지고 해결이 시도되어야 한다. 그 가족에 갈등과 문제를 일으키는 주요 원인이 되는 관계체계와 의사소통체계를 분석함으로써 갈등 해결의 실마리를 발견할 수 있을 것이다.

3. 기능적 가족과 역기능적 가족

가족치료에서 갈등과 문제가 있어 도움을 필요로 하는 가족을 소위 '문제 가족' 또는 '비정상적 가족'이라고 말하지 않고 '역기능적(dysfunctional) 가족'이라고 말하며 반면에 건강한 가족을 역시 '기능적(functional) 가족'이라고 표현한다. 이것은 우리의 가족에 있어 문제와 갈등이 없는 가족이 없다는 현실적 전제에서 시작하기 때문이다. 모든 가족에는 사실 문제와 갈등이 존재한다. 단지 차이는 "이 문제와 갈등이 가족 스스로가 감당 할 수 있는 것인가?" 아니면 "다른 전문가의 도움이 필요한가?"이다. 여기서 가족상담은 상담을 필요로 하는 가족은 가족체계가 적절하게 기능하지 못한다는 의미에서 역기능으로, 반면에 상담이 필요 없는 정상적인 가족은 잘 기능한다고 해서 기능적 가족이라고 표현한다. 우리는 이러한 역기능, 기능적 가족이라는 개념에서 가족상담학이 가족의 문제를 어떻게 바라보는지를 발견하게 된다.

가족치료모델의 선구자들 중에서 기능적, 역기능적 가족에 대해 많은 설명을 한 Satir(1979)는 가족은 '사람을 만드는 공장'이라고 비유한 적이 있다. 즉, 기능적인 가족에서 자존감이 높은 아이가 나오고 역기능의 가족에서는 문제아를 만들어 낸다는 것이다. 그런데 이렇게 역기능적이고 기능적인 가족은 원래부터 역기능이고 기능인 가족은 없다. 이것은 현재 진행형인 것이며 영원히 역기능, 기능인 가족은 존재하지 않는다. 여기서 먼저 기능적 가족을 살펴보고 그 후에 역기능적 가족에 대해 서술하고자 한다.

1) 기능적 가족체계

기능적인 가족은 모든 일이 제대로 진행되고 있다는 의미이다. 예를 들어, 비록 차에 얼룩이 묻어 있더라고 차는 잘 가는 것처럼, 가족 역시 문제를 가지고 있어도 잘 기능하면 기능적인 가족체계가 된다. 가족상담은 문제없는 가족은 없다고 보며 이러한 문제에도 가족이 기능적이라면, 즉, 증상으로 나타나지 않으면 기능적 가족이라고 말한다. 기능적 가족은 고정된 불변의 장소가 아닌 가족생활의 방향성이며 현재 진행 중인 과정이라고 볼 수 있다.

Satir의 관점에 의하면 기능적 가족은 높은 자존감을 전제로 한다. 부부관계는 수평형의 관계이다. 기능적 가족의 시작은 건강한 기능적인 결혼에서 시작된다. 부부관계가 건강하고 기능적이라면 자녀들이 잘 성장 할 수 있다. 건강하고 기능적인 부부는 서로를 수평적으로 의지하며 누구 한 명에게 지나치게 의존하지 않는다. 기능적 가족은 가족체계가 역동적이며 피드백과 스트레스에 적응하기 위해 끊임없이 개방적이고 성장한다. 가족 안의 규칙은 개방적이고 타협 가능하며 개별성과 독립이 존중된다. 높은 자존감을 갖고 있는 기능적 부부는 서로에 대한 차이의 인식을 전제로 한다고 한다. 즉, 자신이 생각하고 느끼는 것이 파트너와 다를 수 있다는 점을 인식하며, 자신의 행복은 자기 스스로 책임진다. 이처럼 자신의 차이를 인정하는 사람은 진정으로 개별화된 사람이며 의존적이지 않은 사람이다. 개별화되고 독립적으로 된다는 것은 분리되는 것이 아닌 자신의 정체성을 유지하면서 하나의 독립된 존재로서 가족 안에 서 있을 수 있다는 말이다. 기능적인 가족 내에서도 충돌과 의견대립이 있지만 감정을 건강하게 표현할 수 있다. 진정한 의사소통이란 가족끼리 서로의 감정을 전달할 수 있는 것이다. 슬픔, 우울, 분노를 적절하게 표현하는 가족이 건강한 의사소통을 가졌다. Satir(1979)는 자존감이 높은 가족이야말로 기능적이고 효과적인 의사소통을 할 수 있다고 한다. 서로를 지지하고 수용하며 가족 안에서 자신의 독특성과 자율성이 보장되는 사람은 높은 자존감을 지니며 건강하고 효과적인 의사소통을 할 수 있다.

2) 기능적인 가족의 부모역할

기능적 가족의 어머니와 아버지는 건강한 자존감을 가지며 서로를 받아들이고 기능적으로 밀착되어 있다. 이 부부관계의 밀착을 통해 자녀와 좋은 친밀관계를 가진다. 부부는 부부관계에 앞서는 자녀와의 친밀감을 형성하지 않는다. 즉, 자녀와 동맹관계를 맺지 않는다. 자녀들 역시 자신과 좋은 관계를 가지며 높은 자존감을 가진다. 이를 바탕으로 부모와 형제들과 친밀감이 형성된다. 기능적인 부모는 자녀들에게 성숙과 자율의 모범이 된다. 그들의 강한 정체성과 높은 자존감은 자녀에게 모범이 된다. 따라서 자녀들은 부모들이 해결하지 못한 무의식적인 문제들을 떠맡지 않는다. 자녀는 부모의 미해결의 문제를 떠맡지 않는다. 자녀들이 항상 좌절한 부모와 분노로 얼룩지지 않는다. 기능적 가족에서 부모는 규율이 있는 사랑을 한다. 교육이 일관성이 있으며 자신들이 솔선해서 모범이 된다. 아이들에게 요구하는 것을 자신들에게도 요구한다. 부모는 자신의 한계를 알며 자녀와의 관계에서 경계선을 갖는다. 부모는 전능한 사람처럼 굴지 않는다. 자녀에게 비명을 지르거나 소리를 치며 저주하지 않는다.

3) 역기능적 가족체계

Wynn(2002)은 역기능적 가족은 어떤 부적절한 패턴을 반복하는 경향성을 갖는다고 본다. 즉, 그에 의하면 역기능적 가족은 단순히 문제를 가진 가족이기 보다 역기능적 패턴을 소유하고 있는 가족이라는 말이다. 이러한 부적절한 패턴에는 사회문화적으로 고립하고자 하는 경우, 부모와 자녀간의 관계에 있어서 지속적인 성역할 혼란과 세대 간 경계가 희미해지는 경우, 성장하는 자녀들이 성숙하여 부모로부터 독립하는 것을 방해하는 경우, 한쪽 또는 양쪽 부모가 여전히 그들 자신의 부모에게 의존하는 경우 등 다양한 역기능적 패턴을 통해 가족의 문제가 지속적으로 유지되며, 이로써 이 역기능적 패턴으로 인한 문제 역시 계속적으로 존재하며 가족구성원들 모두에게 고통을 주게 된다.

(1) 역기능적 가족의 시작과 전개

역기능적 가족은 건강하지 못한 결혼에서 시작된다. 가족체계에서 가장 중요한 구성요소는 부모의 결혼관계이다. 부모 두 사람이 상호 맺은 관계가 가족의 토대가 된다. 남편과 아내는 가족의 건축가이다. 갈등과 문제를 초래하는 역기능 가족의 시작은 먼저 정서적으로 안정이 안되고 건강한 정체성이 없는 두 사람이 만나고 결혼함으로써 야기된다. 가족에 관한 비극 중 하나가 문제 있는 남녀가 자기와 동일한 수준의 혹은 그 보다 더 못한 수준으로 기능장애를 일으키고 있는 사람을 거의 만나게 된다는 사실이다. 사람은 보통 자신이 경험하였던 원가족에서의 관계의 방식을 결혼 후에도 계속 이어간다. 사람에게 가장 큰 영향력을 갖는 것은 원가족에서 맺고 행동했던 방식이다. 때로는 어떤 사람은 원가족에게서 부모의 관계방식을 보고 절대로 이렇게 하지 않겠다고 해서 정반대의 방식으로 부모의 관계방식을 따르지 않는 사람이 있다. 그러나 이러한 것도 결국은 부모에게 영향 받았다고 말할 수 있다.

가족은 우리가 자신에 대해 배우는 첫 시발점이며 동시에 자신을 부모의 눈을 통해 알고 규정하는 곳이다. 말하자면 우리가 자신에 대해 어떻게 여기는가는 우리를 돌봐주는 부모가 우리를 어떻게 대해 주었느냐에 달렸다.

Bowen(1976)에 의하면 역기능 가족은 문제와 갈등을 이미 이전 세대에서 전수 받았으며 그것이 다세대에 걸친 과정의 일부이라는 것이다. 보통의 경우 역기능 가족 출신의 자녀는 역시 다른 역기능 가족 출신의 다른 종류의 역기능을 갖는 개인들과 결혼을 한다. 그래서 이 악순환의 고리는 붕괴되지 않고 이어간다. 이러한 두 사람은 다른 역기능을 갖는 새로운 역기능 가족을 만들게 된다. Bowen(1976)에 의하면 이렇게 여러 세대에 걸쳐 내려오는 이 역기능은 상당히 치유하기가 어렵다. 역기능 가족의 자녀는 역시 정서적 장애를 가진 배우자를 만나 결혼함으로써 세대 간 이런 패턴이 반복되게 된다. 이러한 세대 간의 역기능 과정에서 모든 구성원은 서로에게 의존적이 되며, 구성원 모두가 정서적인 회복을 필요로 하게 된다.

(2) 역기능 가족의 결혼

Satir(1979)는 역기능 가족의 가장 중요한 패턴이 '낮은 자존감'이라고 본다. 즉, 자존감이 우리의 모든 정신적, 사회적 삶의 모습을 형성하는 열쇠로 여긴다. 낮은 자존감, 미분화, 정서적 장애를 가진 두 부부는 자기가 살아온 익숙한 행동의 범주 안에서 편안함을 느낀다. 부부 각자 자신이 살아온 원가족의 생활 습관을 가장 올바른 방식으로 고집한다. 만일 원가족의 행동패턴이 기능적이었다면 별문제가 없지만 역기능적 가족이었다면 문제가 발생한다. 이들 부부는 자신들의 역기능적 가족의 패턴을 무의식적으로 답습하며 이것을 유지하려고 한다. 자기의 원가족 생활방식을 고집하는 과정에서 부부간의 권력투쟁이 발생된다. 건강한 부부는 서로의 차이를 인정하지만 낮은 자존감, 미분화를 가진 부부는 이 차이를 인정 할 수 없다. 권력투쟁과 더불어 부부는 서로 상대방에게 끝없는 욕구불만을 갖게 된다. 이것은 그동안 한번도 자신이 필요한 정서적 안정과 필요가 채워진 적이 없기 때문이다.

Satir(1979)는 역기능적인 가족 대부분 부정적이고 낮은 자존감을 갖고 있다고 본다. 모든 가족구성원들은 가족체계를 통해 높거나, 혹은 낮은 자존감을 학습 받는다. 이 세상에 태어난 아기는 낮은 자아개념도 없고, 다른 사람들과의 상호작용 경험도 없으며, 세상에 대한 경험도 없다. 아기는 그러한 모든 것을 그들을 돌본 가족과의 의사소통을 통해 학습한다. 역기능 가족에서는 자녀 각자의 개성이 발전하지 못하고 낮은 자존감을 갖게 한다. 그리고 부모가 분명하고 명백한 의사소통의 모범을 보여주지 못한다. 자아 존중감, 의사소통, 규칙, 사회와의 유대 모두는 모든 가족에서 가장 중요한 요소들이다. 이러한 요소들이 가족에 어떻게 형성되어 있고 영향을 미치는가는 그 가족이 기능적인지, 역기능적인지를 알 수 있게 한다. 높은 자존감을 갖고 자아가 잘 분화가 된 사람은 효과적이고 적절한 의사소통을 할 수 있다. 높은 자존감은 기능적 의사소통을 가능하게 하며 건강하고 행복한 결혼생활을 가능하게 한다. 그러나 낮은 자존감은 역기능적 의사소통을 형성하며 가족과 사회생활 속에서 대인관계의 어려움과 갈등을 유발하게 한다.

(3) 역기능 가족체계

역기능 가족체계는 구성원들이 서로 경직되어 있거나 너무나 느슨하게 연결되어 있다. 어느 경우에도 각 가족구성원들 사이에 또는 체계 밖에서 안으로, 안에서 밖으로 정보가 유통되지 않는다. 가족구성원들이 연결되어 있지 않을 때, 그것들은 마치 작동하고 있는 것처럼 보인다. 정보는 안팎으로 누출되지만 어떠한 방향도 없다. 이러한 역기능 가족체계는 힘과 업적이 자기 가치에 우선하며 행동은 가족 우두머리의 변덕에 복종해야 한다. 또한 이러한 가족은 내부적, 외부적 가족의 변화를 거부한다. 역기능 가족체계는 낮은 자존감으로 인해 가족성원들은 역기능적 의사소통을 가지며 예를 들어 간접적이고, 불명확하고, 부적당한 의사소통을 갖는다. 이러한 역기능적 의사소통으로 인해 가족구성원들 모두 개인의 성장이 방해받게 되며 문제와 갈등에 대응하는 자기조절능력이 감소하게 된다. 역기능 가족체계의 규칙은 대부분 은폐되어 있으며, 시대에 뒤떨어지고 그리고 때로는 비인간적이다. 따라서 역기능 가족체계는 예측 가능성 보다는 우연성이, 질서 보다는 혼란과 파괴성을 갖게 된다. 이러한 불안정성은 가족의 성원들에게 자기 자존감을 갈수록 낮아지게 만들고, 또한 더욱 의심스러워지게 하여 점점 서로에게 정서적으로 의존하게 만든다. 즉, 흔히 중독자 가족에서 볼 수 있는 '동반의존 현상'이 나타나게 된다.

(4) 역기능 가족과 중독

그동안 중독을 바라보는 전통적인 시각이 "가족은 중독자의 희생자들이다"라고 설명되어져왔다. 반면에 체계론적인 관점을 갖는 가족치료를 통해, 이제 "중독자는 가족의 희생양, 즉, IP(내담자)이다"라는 시각을 갖게 되었으며 그리고 중독은 바로 역기능 가족에서 나타날 수 있는 한 증상으로 여겨진다. 중독자를 가족체계의 희생자로 보게 되는 관점은 가족항상성을 유지하려는 것이 있으며 이것은 희생자를 낳게 된다고 본다. 중독자를 가족체계의 희생자로 보는 것은 동반중독이라는 말로 나타낸다. 중독자와 그들의 가족은 서로 공생적 상호의존관계로 이어져 있으며 중독을 지속시키거나 강화시키는 역할을 한다. 중독자는 두려움, 분노, 불안, 수치심으로 짓눌리며 알코올 등 다양한 매개체에 의존하게 된다. 여기서 가족은 중독자와 어떤 방식으로든지 의존되어 있다. Alcoholics Anomymous(익명의 알코올중독자 모임)에서는 중독에 관한 몇 가지 사실을 발견하였다. 중독자를 치료하였을 때, 오히려 그의 가족이 일년 안에 와해되는 것을 보게 되었다. 알코올 중독자가 알코올에 의존되어 있었던 것처럼 그의 가족들이 중독자에게 의존되어 있다. 역기능적 가족에서 알코올이라는 매개체는 가족체계를 유지시키는 기능을 하며 가족체계에 의해 유지된다.

역기능적 가족 안에서 중독이 가족체계에 의해 어떻게 작용되는지는 두 가지로 볼 수 있다(Dodson, 1988).

① 가족의 긍정적 반응으로 중독이 유지 된다: 중독자가 알코올을 먹으면 관대해지고 부드러워진다. 아내에게 죄책감 때문에 더 잘해주

고 아이들에게 용돈을 준다. 중독자의 이러한 모습은 가족 안에서 오히려 지지될 수 있다.

② 부정적 반응으로 중독이 유지 된다: 중독자가 알코올을 마시면 폭력과 폭언을 행하게 되어 가족들은 중독자에게 대항하게 된다. 중독자는 가족 안에서 외톨이가 되고 버림받게 되며, 이것은 더 나아가 중독자의 중독을 더욱 부채질하게 한다.

(5) 역기능 가족의 부모역할과 위기대응방식

Satir(1979)는 말하길 역기능적 가족은 두 가지 근본 문제를 갖는다고 한다. 하나는 부부문제이며 두 번째는 부모역할의 문제이다. 낮은 자존감과 이에 따르는 역기능적 의사소통은 부부뿐만 아니라 부모와 자녀 간에도 문제를 야기하며 이러한 부모와 자녀 간의 관계를 통해 자녀 세대에게로 역기능이 전수되게 된다. 낮은 자존감 또는 미분화를 가진 부부는 서로 간에 대화가 거의 없으며, 싸운다고 해도 생산적으로 싸우지 못하고 서로에게 상처 주는 역기능적인 싸움만을 반복한다. 또한 서로를 조종하려 들고 더 많은 힘(Power)을 가지려고 하며 부부 간에 경쟁하며 뒤로 물러서고 서로를 비난하면서 살아간다.

Bradshaw(2000)는 말하길, 이러한 역기능 가족의 부부는 그들만의 암묵적인 합의가 이루어지는데 이것은 서로에게 동의하지 않는다는 것이라고 한다. 만약 이러한 가족에서 아이가 태어나면 그 아이는 처음부터 어려움을 경험하게 된다. 역기능 가족의 부모는 자신이 무엇을 원하는지는 분명히 알지만 이를 적절하게 표현하거나 들어줄 수 있는 능력이 떨어진다. 만일 자신들이 더욱 불만족스럽거나 문제에 둘러싸여 있다면 자녀에게 절절하게 표현하고 들어줄 수 있는 능력은 더욱 상실되게 된다.

Minuchin(1987)은 역기능 가족에서 두려움과 불안, 상처와 외로움이 어느 정도까지의 높은 수위에 도달하면 이를 배출해낼 희생양을 구하게 된다고 한다. 그리고 이 희생자 역할을 맡는 건 언제나 가족에서 가장 연약하고 감정이 민감한 인물이기 쉽다. 대부분의 역기능 가족에서 이러한 희생자의 역할을 자녀가 뒤집어쓰는 경우가 많다. 역기능 가족은 한 사람에게 가족의 모든 괴로움과 문제를 전가시킴으로 덜 괴롭다고 느끼게 된다. 한 가족 구성원에게 책임과 문제를 전가시키고 소위 '문제아'로 지목하는 이러한 형태의 방식이 역기능 가족에서 반복적으로 사용되는 문제에 대한 대응방식이라고 한다.

모든 가족들은 '가족위기'라고 불리는 위기상황을 겪는다. 그러나 이 위기는 비정상적인 것이기 보다는 정상적인 가족생활의 일부분이다. 기능적인 가족은 이 위기에 처하였을 때 적절하게 대응함으로 위기를 극복하고 오히려 이 위기를 창조적 에너지로 전환시켜 가족을 한 단계 성장시키게 한다. 그러나 역기능 가족은 이러한 가족위기에 대해 희생양 만들기와 같은 부적절한 대응방식을 통해 더욱 어려움과 문제를 가중시키게 된다. 가족위기를 스스로 극복할 수 없는 가족은 바로 가족상담의 내담자가 된다. 위기가 발생했을 때 가족체계는 변화되거나 변화에 저항하게 된다. 가족상담사는 이러한 가족에게 위기와 문제 극복을 위한 대응방식을 알려주며 현가족체계에 대한 정보와 진단을 제공함으로서 역기능적 가족체계의 구조를 변화시키게 한다.

(6) 역기능 가족체계의 변화와 회복

Satir의 관점에 의하면 가족에는 다양한 문제와 갈등이 존재하는데, 예를 들어 독선적이고 억압적인 남편, 그리고 여기에 시름하는 부인, 불량스럽고 반항적인 딸, 학습장애와 우울증에 시달리는 아들, 이 모든 문제는 다른 종류의 문제로 서로 별개의 문제로 보일 수 있지만 정작 문제해결을 위한 처방은 똑같다고 한다. 이러한 가족구성원들은 현재 역기능적 가족을 이루고 있으며 이것의 해결책은 이러한 역기능적 가족체계를 기능적 가족으로 전환시키는데 있다.

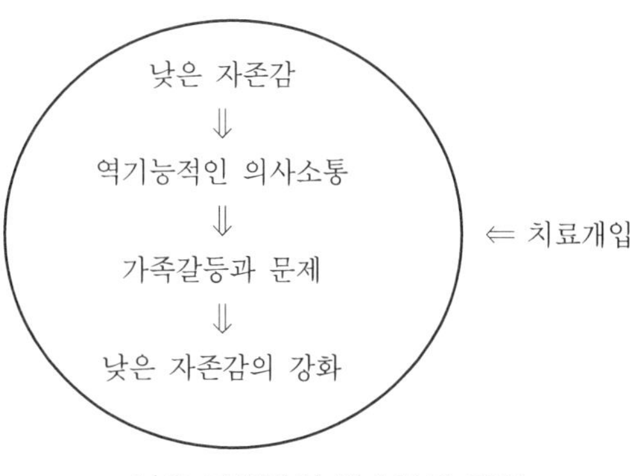

<낮은 자존감의 악순환과 개입>

가족치료의 다양한 모델에서 각기 모델의 선구자들은 역기능 가족의 회복과 변화를 위해, 나름대로의 방식을 갖고 있다. 먼저 Bowen의 경우 역기능 가족을 치료하기 위해 자아분화가 높아지도록 했으며, Minuchin은 가족체계 안의 경계선의 변화를 유도했으며, Satir는 의사소통의 변화를 통해 근본적으로 자존감의 회복에 초점을 맞추었다. 그녀는 역기능 가족이 낮은 자존감에서 시작된다고 본다. 낮은 자존감이 가족구성원들로 하여금 자신의 입장, 판단, 느낌, 욕구를 믿지 못하게 하며 자기불신을 가져오게 한다. 이러한 자기 불신은, 자기 자신에 대한 신뢰감의 결여는 의사소통의 문제를 유발시킨다. 결국 이것은 역기능 가족을 위한 토양을 제공한다. 이러한 Satir의 역기능 가족의 변화개념을 다음과 같이 서술될 수 있다.

상담사는 낮은 자존감을 통해 역기능적 의사소통을 유발하고 이것은 가족의 갈등과 문제를 야기하고 더 나아가 자존감을 더욱 악화시키는 이러한 역기능 가족의 악순환의 패턴을 차단하기 위해 우선적으로 변화시켜야 할 부분은 바로 의사소통 분야이다. 상담사가 역기능 가족의 구성원들에게 의사소통의 문제를 파악하게 하며 여기서 적절한 의사소통을 가족들에게 훈련시킨다. 이러한 의사소통에 대한 변화는 악순환의 역기능 패턴에 변화를 가져오게 한다. 즉, 의사소통의 변화는 가족 갈등과 문제를 축소시키며 이것은 자존감의 회복을 유도한다. 자존감의 회복은 의사소통을 더욱 기능적으로 변화시키게 한다.

그러나 이러한 역기능 가족체계의 변화에서 유념해야 할 부분은 상담사는 가족을 변화시키는 사람이 아니며 가족체계의 변화를 가능하게 하는 사람은 바로 가족 모두라는 사실이다. 상담사는 가족에게 스스로 자신들의 문제를 파악할 수 있도록 촉진시키는(문제를 지적하기 보다는) 촉진자이다. 상담사 자신이 기능적인 의사소통의 모델이 되어 가족 모두가 서로에게 마음을 개방하고 기능적 의사소통을 할 수 있도록 이끌어야 한다.

역기능적 가족과 기능적 가족은 원래부터 역기능적 가족이고, 기능적인 가족이란 존재하지 않는다. 여기서 역기능적 가족은 현재 진행형이며 얼마든지 적절한 개입과 가족체계의 변화를 통해 변화가 가능한 것이다.

체계론적인 관점을 통해서 역기능 가족을 변화시키기 위한 우선적 과제 중 하나는 무엇보다 개인과 개인의 문제에 접근하기 보다는 역기능을 겪고 있는 체계 자체에 관심을 기울여야 한다. 역기능 해결을 위해 상담사는 사람들 사이에서 역기능을 발생시키는 역기능적 구조를 발견하고 이 역기능적인 구조의 변화를 시도해야 한다. 역기능체계의 변화를 위해 가족체계를 억지로 변화시키려는 것이 아닌 그 체계가 가진 자원을 촉진시키며, 문제를 보는 인식의 변화를 이끌어낸다. 역기능을 만들어낸 것과 같은 종류의 사고로는 역기능을 해결하기가 불가능하다. 따라서 해결은 원래의 역기능 설명방식과 해결방식에서 벗어난 새로운 인식과 행동이 필요하다. 여기서 상담사의 역할은 체계를 변화시키는 조정자가 아닌, 체계의 구성원들이 스스로 문제를 발견하게 하여 그들이 가진 자원을 통해, 해결하도록 돕는 해결의 도우미인 것이다. 가족 구성원들로 하여금 지금까지 문제를 다루어왔던 기존의 방식과는 달리 행동적, 인지적, 정서적 상호작용방식을 찾을 수 있도록 도와줌으로써 체계의 변화를 이끌어낼 수 있다. 체계의 변화는 잘못된 부분을 고치거나 제거함으로써가 아니라 인식의 변화를 통하여 체계 안에서 다른 구성원의 기능을 변화시키거나 서로간의 의사소통과 관계를 바꾸는 것이다. 문제에 대한 새로운 인식의 변화는 체계의 일부분에서 변화를 일으키고, 이 변화는 물결처럼 번져서 체계의 다른 부분에 변화를 이끌어낸다.

<기능적 가족과 역기능적 가족의 특성 (김유숙, 2000)>

기능적 가족	역기능적 가족
1. 하위체계의 경계선이 명확하지만, 이것은 가족의 요구에 따라 변할 수 있다.	1. 하위체계의 경계선이 경직되거나 혼란되어 있으며 가족의 요구에도 변화하지 않는다.
2. 가족규칙은 명확하며 공평하게 이루어진다. 또한 규칙은 가족상황에 따라 변할 수 있다.	2. 가족규칙이 명확하지 않으며, 경직되어있다. 또한 가족의 행동이나 방법에 규칙을 가지고 있지 않다.
3. 가족성원은 자신들의 역할을 명확히 이해한다.	3. 역할은 경직되거나 명확하지 않아서 가족성원은 자신에게 요구되는 기대가 무엇인지 잘 알지 못한다.
4. 각 개인의 자율성은 존중되면서도 전체로서의 가족이 유지된다.	4. 개인의 자율성은 가족전체를 위해 희생되거나 반대로 가족이 통합되지 못해 지나친 자율성이 요구된다.
5. 의사소통은 자유롭고, 명확하며 직접적이다.	5. 의사소통은 애매하고, 간접적이고, 권위적이다.

Ⅲ. 부부 · 가족을 위한 인형치료의 주요 치료개념

1. 갈등의 악순환 찾기

부부·가족 갈등은 단순히 한 원인과 그것에 대한 결과라는 도식으로 작동되지 않는다. 대부분의 부부·가족 갈등은 원인과 결과가 서로 복잡하게 얽혀 있는 경우가 많다. 부부 갈등에 있는 대부분의 부부는 상담실에 방문하였을 때 서로가 피해자임을 내세운다. 상담사에게 자신이 더 고통을 받고 있다고 호소한다. 상대방이 힘들다고 호소하는 것을 이해하기 어렵다고 느낀다. 부부는 이러한 호소를 자신에게 과도한 책임을 떠넘기려는 행동으로 규정을 한다. 따라서 상대방의 호소는 책임전가와 무책임한 비난으로 받아들여진다. 이 정도의 상황에 도달하면 부부는 서로에게 어떤 말을 하더라도 귀를 기울이지 않고 방어적으로 나온다. 부부는 서로에게 수 없이 말을 하지만 듣지 않고 자기 입장에서만 힘든 것을 말하게 된다. 그러면 부부는 마치 서로 벽을 놓고 말하는 듯한 답답함과 통증을 느끼게 된다.

부부·가족 갈등의 악순환을 찾는 것은 상담사의 오랜 경험, 통찰, 심리학이론이 총동원되는 종합예술적 작업이다. 상담사는 먼저, 부부·가족 갈등의 패턴을 찾으려 해야 한다. 부부·가족 갈등은 언제나 일정한 패턴으로 이루어져 있기에 대단히 복잡한 작업일 뿐 아니라 종종 불가능한 작업인 갈등의 원인과 결과를 추적할 필요가 없다. 부부·가족 갈등은 언제나 관계와 소통의 문제에서 온다. 관계와 소통의 문제가 무엇이지를 탐색하기 위해서는 여러 접근이 존재한다. 의사소통의 유형을 탐색해서 갈등의 패턴을 찾는 Satir 부부와 가족의 삼각관계를 탐색해서 갈등의 패턴을 찾는 Bowen, 부부와 가족관계의 구조 자체에 초점을 맞추어 경계선의 흐름을 탐색하여 갈등의 패턴을 찾는 Minuchin, 부부 · 가족의 파워게임을 주목하여 갈등의 패턴을 찾는 Haley, 부부 · 가족의 갈등의 패턴을 찾는 노력을 포기하고 덮어놓고 부부 · 가족이 가진 해결을 위한 자원을 탐색하는 김인수의 해결중심 가족치료가 있다.

인형치료에서 부부 · 가족 갈등의 악순환을 찾는 것은 트라우마 또는 콤플렉스를 찾는 것에 있다. 부부 · 가족이 가진 트라우마와 콤플렉스는 갈등의 주요한 패턴을 알려줄 수 있다. 트라우마와 콤플렉스를 찾기 위한 첫 작업은 불만을 경청하는 것이다.

부부 · 가족의 갈등체계의 패턴을 파악하기 위한 첫 단계가 부부와 가족 구성원들의 불만을 탐색하는 것이다. 부부와 가족들이 제기하는 불만은 갈등의 악순환으로 인도하는 가장 확실한 길이다. 그것은 부부와 가족들이 갖고 있는 불만에는 투사의 메커니즘이 연결되어 있는 콤플렉스가 놓여있기 때문이다. 부부와 가족은 수많은 콤플렉스를 소유하고 있다. 물론 이러한 수많은 콤플렉스를 상담실에 불러낼 필요는 없다. 그 대신에 불만과 연관된 콤플렉스는 부부와 가족갈등의 뿌리가 되는 콤플렉스를 탐색할 수 있게 한다.

부부 · 가족이 가진 갈등은 과거와 어떤 식으로 얽혀있고, 이것이 무엇인지를 분명히 밝히는 것이 필요하다. 부모, 자녀, 친구, 동료 그 누구와 관련된 관계이든 간에 과거와 연결된 콤플렉스는 우리의 삶을 짓누르게 된다. 부부 · 가족이 가진 콤플렉스는 나름대로의 방식으로 과거 또는 상상 속에 가두어두는 일종의 감옥이 된다. 오직 콤플렉스를 통해서 세상을 보게 된다. 부부 · 가족은 치료를 통해 현재의 문제 뒤에는 과거의 것이 자리 잡고 있음을 알아야 한다. 현재에 충실하게 살고 이 순간에 몰두하고 집중하기 위해서는 과거는 분명히 밝혀질 필요가 있다.

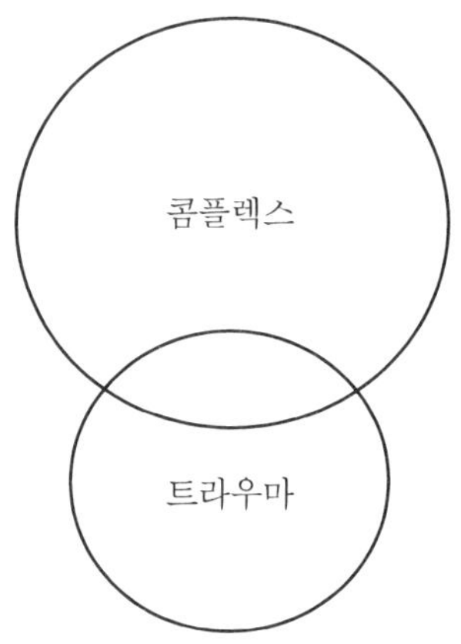

가족치료는 콤플렉스를 문제체계로 이름을 붙일 수 있다. 가족갈등의 악순환을 가져오는 갈등의 패턴을 말한다.

1) 콤플렉스(Complex)

콤플렉스는 '마음의 응어리'로 이해될 수 있다. 콤플렉스 자체가 좋거나 나쁘거나하지 않고 콤플렉스에 지나치게 사로잡히거나 또는 이것을 전혀 인식하지 못할 경우에만 해로운 것이 된다. 우리 모두는 일정한 콤플렉스를 갖고 있다. 평소에는 괜찮은 사람이지만 돈 문제만 걸리면 이상하리만큼 집착해서 주변사람들에게 눈살을 찌푸리게 하는 사람이 있다. 이런 경우 "돈에 대해 콤플렉스를 가진 거 아냐?"라며 말할 수 있다. 돈 콤플렉스를 가진 사람은 돈에 대해 지나치게 집착하기에 돈 문제에 있어 친구나 처자식도 예외가 되지 못한다. 한 사람의 돈에 대한 지나친 집착은 종종 탐욕과 욕심으로 비쳐지기에 주변사람들과 갈등을 하게 만들고 고립시키게 만든다. 이 사람은 돈에 얽힌 감정적 응어리가 존재하기에 돈에 있어서 평소의 괜찮은 모습을 잃어버리게 된다. 콤플렉스는 "강한 감정체험에 의해서 모여든 심리적 내용들의 뭉침"이라고 말할 수 있다. "콤플렉스는 에너지, 즉 감정적인 강도를 갖추고 있는 심리적 복합체이기 때문에 그것이 자극되면 감정반응을 일으키게 된다. 살아가면서 우리는 많은 경험을 하게 되고, 그만큼 많은 콤플렉스가 생긴다(이부영, 2014)."

콤플렉스는 Adler의 영향으로 열등감으로 해석하지만 열등의식뿐만 아니라 다양한 감정적 반응을 일으킬 수 있는 심리적 내용을 의미한다. 콤플렉스는 그 자체가 역기능적인 것이거나 병적인 것은 아니다. 콤플렉스가 해로운 것이 될 때에는 무의식에 억압되어 있다가 의식의 통제를 벗어날 때이다. 이 때 콤플렉스가 그 사람을 가지게 되며 스스로는 장님처럼 이것을 보지 못하게 된다. 콤플렉스가 지닌 특성에 붙들려서 모든 것을 그 시각 속에서 보게 된다.

콤플렉스가 문제가 되는 것은 그것을 우리가 알지 못할 때이며 이를 무시할 때이다. 대표적인 콤플렉스로는 마더, 파더 콤플렉스가 있다. 콤플렉스가 우리의 무의식에 오랫동안 머물게 되면 에너지를 강화시켜 자동적으로 의식을 자극하여 의식의 흐름을 방해하거나 심지어 신경증적 장애를 유발하게 된다. 예를 들어, 성공 콤플렉스, 권력 콤플렉스, 애정 콤플렉스 등 감정의 응어리가 풀리지 않으면 그것이 정신기능을 일시적으로 방해하거나 그 사람의 판단을 좁게 하여 흑백논리를 비롯한 부정적 편견을 갖게 할 수 있다.

따라서 콤플렉스의 존재를 알아채고 의식화하는 것이 중요하다. 가능하다면 콤플렉스를 소화시켜 의식화시켜야 한다. 그러기 위해서는 콤플렉스를 직면하고 그것에 얽혀있는 감정을 드러내야 한다.

2) 콤플렉스를 탐색하는 방법: 현실적인 관계, 투사, 꿈, 환상

콤플렉스를 탐색하고 이것을 직면시키고 치료하는 과정은 대단히 길고 복잡한 과정이다. 인형치료는 트라우마가족치료의 치료적 전제를 받아들여 트라우마에 초점을 맞춘다. 내담자와 그의 가족사 안에 있는 트라우마는 콤플렉스의 정체를 좀 더 분명하고 보다 쉽게 접근하게 해준다. 콤플렉스 자체가 모두 트라우마에서 기인한 것은 아니지만 트라우마에서 콤플렉스의 실체를 만날 수 있다. 내담자의 인생과 가족사에서 발생했던 트라우마는 엄청나게 응어리진 감정들을 갖고 있기 때문이다. 이 부분에 대한 탐색을 통해 상담사는 콤플렉스의 복잡한 탐색과정을 일정부분 생략할 수 있다.

3) 대표적 콤플렉스: 마더, 파더 콤플렉스

"초기 유년기 아버지는 아이가 완전히 엄마에게 종속되는 것에 저항할 수 있게 해준다. 또한 전생애에 걸쳐 앞으로 나아가고자 하는 노력과 심리적, 육체적 발전을 도와준다. 아버지는 퇴행에 맞서는 싸움과 용과의 싸움(Jung 심리학에서 용은 어머니 원형의 부정적인 관점을 나타낸다. 따라서 용과의 싸움은 남자에게 일어나는 남성적인 것과 여성적인 것의 싸움을 상징적으로 나타낸다)에서 버팀목이 되어 준다. 아이는 삶의 진취적인 경향을 후원하기 위해서는 아버지가 필요하다는 것이다(Kast, 1994)."

정신분석가 Blos는 <프로이트와 아버지 콤플렉스>라는 논문에서 Freud의 파더 콤플렉스에 대해 설명한다. Blos에 따르면 청소년기의 충동적인 성은 실제로 여성과의 관계에 영향을 미치기보다는 아버지로부터 분리하는데 더 큰 도움을 주고, 아버지로부터 벗어나려는 강력한 충동으로 이해될 수 있다. 아버지와의 대결이 이루어져 아버지에 대한 이상화가 중단되면 아들은 아버지로부터 존중을 받으면서 자신의 길을 계속 갈 수 있다. 마더 콤플렉스에 사로잡히게 되면 그 안에 포함된 모든 기대감과 함께 여자친구 또는 아내에게 전이된다. 젊은 남성이 어머니를 외면하기만 하고 어머니의 가치를 무시한다면 마더 콤플렉스의 많은 관점들과 그와 결합된 아니마 부분도 똑같이 분열되고 가치를 잃게 된다. 그렇게 되면 어머니적인 것, 여성적인 것은 강한 두려움을 불러일으키게 되고 더욱 억압되어야 한다는 결과를 야기한다.

불안은 특히 무언가를 억압하려고 할 때 나타난다. 불안은 억눌린 것을 드러내 보여줌으로써 우리가 그것과 대면하게 해준다. 그것이 우리 삶에 필연적으로 속해 있는 것이 분명하기 때문이다. 따라서 남성의 정체성을 찾는 과정에서 여성적인 것의 가치를 깎아내리면서 어머니와 마더 콤플렉스와의 대면이 불필요하다고 확신하고 그로써 어머니와 어머니적인 것, 결국엔 여성적인 것을 실제보다 훨씬 위험한 것으로 만들 수 있다.

"콤플렉스는 압축된 경험과 상상들에 대한 기억들이 우리의 무의식에 특수하게 자리 잡은 상태를 말한다. 서로 유사한 기본주제 주위에 배치되어 있고 동일한 성질의 강렬한 감정과 결합되어 있다. 살아가면서 이 기본주제나 그에 해당하는 감정을 건드리는 상황에 부딪힐 때 우리는 콤플렉스로 반응한다. 다시 말하면 콤플렉스의 의미에서 그 상황을 바라보고 해석하며 감정적으로 민감해지고 늘 그랬던 것처럼 판에 박힌 방법으로 거기에 저항한다. 관계의 영역에서 해석하자면 이런 상황에서는 상호 간의 이해가 중단된다는 것을 뜻한다.

콤플렉스는 우리의 체험과 행위에서 드러나지만 상징들 속에서 나타날 수 있다. 이때는 이 콤플렉스의 미래를 보여주는 핵심이 된다. 융에 따르면 콤플렉스는 원형적 핵심을 갖고 있다. 이 말은 콤플렉스란 삶의 필연적인 부분이 건드려지는 곳에서 형성된다는 것을 뜻한다. 콤플렉스는 개인의 인격을 이루는 정서적 핵심이다. 그것은 한 개인이 자신이 대적할 수 없는 주변 세계의 어떤 요구나 사건과 마주쳤던, 고통스럽지만 의미 있는 만남에 의해 야기된다. 이로써 한편으로는 유아와 관계 인물 사이의 상호작용에서 콤플렉스가 생성된다는 것이 분명해진다. 또한 다른 한편으로 콤플렉스는 우리가 살아가는 동안에는 언제든 생길 수 있다.

Jung은 하나의 콤플렉스가 생성되는 상황을 서술하면서 개인에게 어려움을 유발하는 콤플렉스에 주목했다. 물론 그것은 사람들이 가장 많이 연구하는 콤플렉스이기도 하다. 그러나 아이와 관계 인물 사이에 이루어지는 모든 의미 있는 상호작용, 인간들 사이의 모든 상호작용이 콤플렉스가 될 수 있다는 점도 생각해야 한다. 다시 말해 콤플렉스에는 우리에게 영향을 주고 문제를 야기하는 관계의 상호작용들, 유년기와 훗날의 삶에서 경험한 다양한 관계의 역사가 모두 담겨 있다. 또한 그것과 결합된 감정, 이 감정의 방어형태, 거기서 발전하는 미래의 삶에 대한 기대감이 반영되어 있다. 감정이 개입되는 두 사람 사이의 어렵지만 의미 있는 상호작용은 하나의 콤플렉스를 낳는다. 그러면 모든 비슷한 사건들이 이 콤플렉스의 의미로 해석되면서 콤플렉스를 더욱 강화시킨다. 다시 말해서 사람은 어떤 상황들이 반복해서 등장하고, 그 상황에는 매번 똑같은 감정이 수반된다는 사실을 배우게 된다.

그래서 콤플렉스에는 우리가 살아오면서 겪게 되는 일화들 중에서 특별히 과민반응을 나타내는 일화들이 반영되어 있다. 우리의 콤플렉스에는 단순히 부모들의 실제적인 태도나 형제자매의 실제 모습만 담겨있지 않다. 콤플렉스는 실제적로 경험한 것과 상상한 것, 좌절한 기대들이 복합적으로 혼합된 것이다. 콤플렉스의 부분적인 해결로 더 많은 기억들이 자유로워지고 자신이 살아온 삶의 역사에 더 자주 접근할 수 있다는 것은 분명하다. 실제 역사는 매우 신비로운 어떤 것이고 현실적으로 재구성되지 않는다. 반면에 콤플렉스 상황들은 재구성되는데 이때 억압된 부분이 의식으로 밀려들어온다(Kast, 1994)."

(1) 프로이트의 파더 콤플렉스

Freud는 Jung과는 달리 아버지와 친밀한 관계였다. 아버지의 가장 총애를 받는 기대를 한 몸에 받은 아들이었다. 성인이 되어서도 강한 유대감을 이어갔다. 그는 아버지를 존경해마지 않았으며 아버지를 '깊은 통찰력과 놀라울 정도로 가벼운 감각'을 지닌 사람으로 묘사했다. 육체적으로는 이탈리아의 통일의 영웅 가리발디와 비교했다. 아버지의 기대에 부응하기 위해 최선을 다했다. 아버지에게 명예와 명성을 안겨주고 싶어했던 그는 이상화된 아버지로 강한 부담감을 가졌다. 40세에 아버지를 잃었다. 아버지의 임종 전후로 그는 스스로도 이해할 수 없는 행동을 하였다. 아버지가 중병에 걸렸는데 두 달간 휴가를 떠났다. 아버지의 장례식에 이발소에 다녀오느냐고 너무 늦게 도착했다. 그는 자신의 이런 행동에 놀라워하였다. 이러한 자기 분석의 결과로 태어난 것이 명저 <꿈의 해석>이다. 당시 그는 아버지와의 분리가 필요했고 아버지의 임종으로 불가피한 것이 되었다. 혼란에 빠진 그는 그 위기를 창조적으로 이용했다. 아버지가 죽고 2년 뒤 오이디푸스 콤플렉스를 발견하게 된다. 꿈의 해석 서문에서 이렇게 썼다. "꿈의 해석은 한 남자가 살아오면서 겪는 가장 중요한 사건, 가장 통절한 상실에 대한 반응이다." 이러한 진술은 아버지와 절대적으로 이상화된 정서적 관계를 맺었던 사람만이 할 수 있는 것이다. 아버지가 죽은 뒤 Freud는 아버지로부터 분리했고 아버지에 대한 이상화와 거기에 포함된 자기 자신에 대한 폄하도 중단되었다. 그때부터 그의 주목할 만한 발전과 왕성한 창작활동이 시작되었다.

Blos는 이처럼 흥미로운 이야기를 통해 Freud의 정신분석이 파더 콤플렉스와 관련이 있다는 것을 입증한다. Blos는 청소년기의 강렬한 성적 충동이 아버지로부터 분리하는데 유용하다는 이론을 펼쳤다. 이 이론은 인간의 삶에서 매우 중요한 성이 Freud의 이론에서 왜 그처럼 중심적인 위치를 차지하고 있는지에 대한 설명이 될 수 있다. 정신분석은 가부장적인 세계에서 탄생한 가부장적인 학문이다. 정신분석 이론에서 여성이 차지하는 역할은 미미하다. 파더 콤플렉스에는(부정적인 아버지상만이 아닌) 아버지에 대한 애착과 무의식적인 이상화를 포함한다. 독자적인 정체성을 발전시키지 못하고 아버지 콤플렉스에서 벗어나지 못한 여성들, 어머니 콤플렉스에 대한 비판적 대결을 경험하지 않았거나 또 다른 이유에서 자신의 정체성을 발전시키지 못한 여성들은 이별의 상황에 우울감으로 반응한다. Jung(2016)이 서술하였던 것처럼 "어머니처럼 살지 않을 거야 또는 아버지처럼 살지 않을 거야" 라고 말하는 것은 콤플렉스를 갖고 있다는 것을 드러내는 것이다.

콤플렉스 상황들은 부모에게서 벗어나지 못하고 부모와 동일시함으로써 자신에 대한 소외를 야기했던 삶의 감정적 매듭으로도 이해될 수 있다. 그러나 콤플렉스 상황은 매우 특별한 능력을 활성화시키고 그러한 능력이 유발하는 상상들 속에는 삶에 대한 발전 가능성이 감춰져 있다. 이 발전 가능성은 콤플렉스의 중요한 관점들이 의식 표면으로 올라올 때 나타나는 원형적인 상들 속에서 특히 잘 드러난다. 콤플렉스는 미래에 대한 열린 태도를 방해하고 새로운 경험을 왜곡시킬 수 있다. 오직 고착화된 과거의 궤도에서만 움직인다.

콤플렉스 개념은 어려운 상황들이 일반화된 것을 말한다. 콤플렉스적인 기억에서 생성된 기대감이 단 하나의 일화와 일치하는 경우는 드물다는 사실도 고려해야 한다. 콤플렉스는 단 하나의 정신적인 충격 상황에서 생성되는 경우가 거의 드물고 실제로 일반화된 기대감과 비슷한 그 어떤 것을 나타낸다. 여기서 일반화된 기대감은 콤플렉스적 체험과 태도가 관계 인물과 아이 사이에서 서로 비슷한 상호작용이 반복적으로 발생한 결과라는 것을 보여준다.

(콤플렉스를 파악하는데 중요한 것은) 관점이 특히 중요한데, (부모가 어느 특정 시점에서 행동한 것이 부모의 특징과 모습으로 기억되며, 여기에 상상과 기대가 덧붙여져서 특정인물의 상이 만들어진다.) 어머니, 아버지 콤플렉스 속에서 이러한 내용이 일반화 되어 있다. 따라서 어머니와 아버지에 의해 형성된 콤플렉스를 근거로 특정인물의 본질을 추론하는 것은 결코 허용될 수 없다. 콤플렉스는 상호작용의 산물이다. 콤플렉스는 평생에 걸쳐 생성될 수 있지만 모든 삶의 단계에서 극복될 수도 있다.

우리가 콤플렉스적인 삶의 주제들을 다룬다고 해서 콤플렉스에 영향을 준 원래의 상황으로 반드시 되돌아갈 필요가 없다. 콤플렉스를 드러내는 한 가지 일화가 체험되는 것으로 충분하다. 가령 심리치료에서는 콤플렉스의 영향을 받은 관계 상황을 이용해 그와 비슷한 감정을 일으키는 유년기의 더 오래된 상황을 기억하게 할 수도 있을 것이다. 그것으로도 심리치료 작업은 이루어질 수 있다. 따라서 가장 오래된 상황(가장 오래된 묵은 콤플렉스)을 찾으려는 시도는 불필요하다. 모든 콤플렉스 상황은 일반화된 일화를 비롯해 그와 결합된 지각과 감정, 그리고 무엇보다 그러한 감정과 결합된 흥분 상태를 포함하고 있기 때문이다.

따라서 핵심적인 상징을 찾는 것이 중요하다. 콤플렉스 이론에서는 상징, 특히 상징적인 상호작용을 이해하는 것이 매우 중요하다. 상징은 콤플렉스를 반영한다. 콤플렉스는 꿈이나 상상 같은 삶의 핵심적인 상들 속에서 표출되다. 그렇게 되면 콤플렉스와 결합된 감정들도 뚜렷하게 체험된다.

누구를 가장 공격하는가?, 누구를 가장 원망하는가?,
누구를 가장 옹호하는가?, 누구를 가장 싫어하는가?,
누구를 가장 안타까워하는가?

가장 두려운 최악의 상황이 무엇인가?,
상상할 수 있는 가장 나쁜 상황을 말하기:
콤플렉스를 활성화시켜 콤플렉스의 정체를 드러내기

콤플렉스의 감정들이 드러나게 되고 체험하게 되면 그것은 아이의 상태로 되돌아가 아이에게 영향을 준 상황의 어려움과 고통을 이해할 수 있게 해준다. 상징적인 표현들 속에서 콤플렉스를 일으키는 충돌을 보고 체험하는데 성공하면 콤플렉스와 관련된 다양한 일화와 사건을 떠올릴 수 있게 된다.

콤플렉스는 인간을 방해하고 개인의 차별화된 대답을 요구하는 상황에서 언제나 판에 박힌 방식으로 대답하고 반응하게 하는 것으로 여겨진다. 그러나 콤플렉스에는 삶의 새로운 가능성을 위한 싹도 담겨 있다. 그런 가능성들이 바로 콤플렉스를 반영하는 상징들 속에서 나타난다.

모든 인간에게는 콤플렉스가 있다. 콤플렉스 영역이 시작되는 곳에서는 의지의 자유가 중단되기 때문이다. 다르게 표현하자면 우리의 콤플렉스에 더 많은 감정이 결합되어 있을수록 이 콤플렉스가 드러나는 곳에서의 의지의 자유는 점점 더 줄어든다. 콤플렉스는 우리의 심리적 기질을 특징짓는다(Holis, 2015).

요약하면, 콤플렉스는 무의식적인 것의 내용, 보편화되고 어려운 관계 일화들을 나타낸다. 이 일화는 동일한 감정과 동일한 의미핵심(원형)을 통해 그것과 관련된 전형적인 관계 주제와 관계 일화와 결합되어 있고, 서로의 영역이 만나는 경계에서는 서로를 대변할 수 있다. 격앙된 감정이 실린 모든 사건은 하나의 콤플렉스가 된다. 이 콤플렉스와 결합된 주제나 감정이 건드려지면 무의식 속에 결합되어 있는 전체가 활성화되고 더불어 지금까지의 삶 전체로부터 거기에 속하는 감정과 틀에 박힌 듯이 진행되는 방어전략도 함께 활성화된다. Jung 심리학은 활성화 대신 '자리를 잡는다.'는 표현이 사용된다. 감정과 거기에 속하는 의미의 연상영역이 클수록 콤플렉스도 더 강해진다.

2. 관계의 패턴 찾기: 투사의 메커니즘

내면에 긴장과 갈등이 발생하고 외부적 스트레스에 민감하게 반응하게 되면, 이것은 단순히 내면의 문제로 한정되지 않고 바로 친밀한 인간관계에 가장 큰 영향을 미친다. 소중히 여기고 있는 가족에게 무의식적으로 자신의 불안정한 내면의 모습을 드러내게 된다. 이때 상처와 아픔이 발생하게 하여 어수선한 내면의 상태가 가족관계 안으로 들어오도록 한다. 우리는 내면이 혼란 상태여도 사회적 관계 안에서는 가능한 드러나지 않도록 조심한다. 그러나 친밀한 가족관계 안에서는 그러한 노력이 약화되고 서로에게 지운 기대의 짐이 무엇이고, 어느 정도인지 모르기 때문에 더 혼란은 증폭될 수 있다. 내면의 긴장과 갈등을 유발하는 과거의 상처와 현재의 환경적 위기를 해결하고자하는 욕구는 자연스럽게 상대에게 투사의 메커니즘을 통해 드러난다.

부부와 가족관계 안에서 유지되는 관계성은 각자 최초로 맺은 중요한 관계인 부모와의 관계의 역학이 중요한 요소가 된다. Hollis(2015)는 "프로이트가 부부가 잠자리에 들 때 거기 침실에는 6명이 있다고 말했다"고 설명한다. 부부는 서로 둘의 문제로만 갈등과 문제가 생기지 않는다. 부부는 부모의 소망목록뿐만 아니라 그 이전 세대의 정서적 짐까지 끌고 온다. 이전 세대의 삶에 대한 두려움, 상실감, 실패의 두려움, 자기회의와 우울감 등 고통스러운 미해결의 문제들이 부부를 괴롭히게 된다.

부부·가족상담을 하다보면 두 사람의 치열한 전쟁을 자주 목격하게 된다. 한 사람이 자신의 감정과 생각이 더 옳다고 상대에게 납득시키고 싶어 한다. 치열하게 다투는 두 사람 사이에는 객관적 내용만이 아닌 무의식적인 내용물이 더 큰 작용을 한다. 특히, 친밀한 관계 또는 가족관계 안에서 무의식적인 내용이 더 작동을 한다. 두 사람 사이의 갈등에서 무의식적인 내용은 투사의 메커니즘을 통해 작동된다.

투사란 심리적 현상의 하나로 인간 행동 어디서나 볼 수 있으며 또한 피할 수도 없는 것이다. 투사는 무의식적으로 일어나기에, 예를 들어 "어떤 사람이 나는 지금 투사를 하고 있어" 라고 자각하는 순간, 이미 그 사람은 투사를 거두어들이고 있는 과정에 있게 된다. 우리의 무의식적인 것은 반드시 투사된다. 그래서 투사의 가능성은 아주 크게 남아 있다. Jung은 한 사람의 내부에서 일어나는 일들이 무의식의 영역을 벗어나 의식적인 것으로 전환되지 않을 때 그것은 투사의 형태로 외부로 드러난다고 하였다. 이 세상의 모든 관계들은 투사에서 시작된다. 투사가 가장 강렬하게 나타나는 것은 남녀의 관계에서이다. 상대방에게 끌리는 이유가 상당부분 부모의 Imago에 의해서이다. 그리고 그 무의식적인 이미지는 잠재적인 파트너에게 투사되고, 마침내 그 투사를 받아들이고 견딜 수 있는 사람을 발견하고 결혼에 이른다. 사람들이 그런 부모의 이미지의 깊이나 위력을 알 수 없는 이유는 그것이 무의식적이며, 무엇인가에 대해 깊이 생각하고자 하는 의식의 능력이 생기기도 전에 프로그램 되어 버렸기 때문이다. 투사의 핵심은 무의식적인 것은 억압되거나 투사된다는 것이다. 투사는 일부러 하는 것이 아닌 자연적으로 이루어지는 것이다.

Hollis(2015)는 원하는 것을 얻을 때는 항상 경계해야 한다는 고대의 조언이 있음을 상기시키면서 우리가 얻고자하는 것들이 단순히 자신의 콤플렉스가 원하는 것, 또는 무의식적인 경험이 원하는 것일 수 있다고 말한다. 정작 자신이 원한 것을 얻게 되었지만 이것은 과거의 불행했던 운명을 반복하는 비극적인 각본에 따라가는 것일 수 있다.

모든 관계에 전이와 역전이의 역동이 존재한다. 그리고 모든 관계에서 투사가 발생하고 있다. 투사가 일어나고, 전이와 역전이가 일어난다는 사실은 본질적으로 아주 순간적인 관계에서 조차 한 사람의 전생애가 재연된다는 것을 의미한다.

투사를 멈추게 하는 방법에 대해 마리 루이즈 폰 프란츠는 투사의 5단계로 설명한다.

(1) 한 사람이 자신의 내적인 경험을 외부에서 일어나는 사건으로 확신하게 된다.

(2) 점차 자신이 투사하여 확신했던 것들이 틀리면서 불일치를 인식

하게 된다.

(3) 이것이 세 번째 단계이다. 차이를 인식하게 되고 적극적으로 투사를 검증하려고 하는 것이다.

(4) 외부의 일이 아닌 자기 내면의 일이라는 인식을 하게 된다.

(5) 내면에서 외부로 투사된 에너지의 근원이 어디인지를 탐색하게 된다.

투사란 원래 무의식적인 것이기에 우리가 자기 생각과 현실 사이의 불일치로 인한 고통을 인식할 수 있다면 그것을 거둬들일 수 있다.

1) 투사를 알아차리는 방법

콤플렉스나 투사가 활성화되는 예측가능한 상황이 존재한다. 대부분 친밀감의 영역은 항상 투사의 에너지가 오고가는 영역이다. 특히 좋아하거나 싫어하는 사람을 통해 투사의 흔적을 발견하게 된다. 투사는 신체적인 차원에서 경험할 수 있다. 속이 메스껍고 심장박동이 빨라지며 손바닥에 땀이 나는 것 등의 신체적 상태를 통해 투사의 가능성에 대한 경고로 받아들일 수 있다. 모든 투사에 대해 우리는 이것이 나의 어떤 면을 말해주는가? 라고 질문을 던져야 한다. 투사는 본질적으로 무의식적이기 때문에 평소에는 그런 작업의 필요성을 느끼지 못하다가 투사가 쇠퇴하면서 수반되는 고통을 느낄 때 비로소 그 필요성을 깨닫게 된다. 그것은 내가 사용한 투사를 거두어들일 수 있는 용기 있는 작업을 시작함으로 가능해진다. 모든 관계가 투사로부터 시작되기 때문에 어떤 관계도 그 투사가 점점 쇠퇴하는 과정을 거치게 된다. 이는 외도, 혼란스러운 느낌, 실망, 분노 등으로 표출될 수 있으며 이때부터 갖가지 문제가 생기기 시작한다.

2) 투사와 가족체계

부부 사이에서 문제가 발생했을 때 자주 쓰는 방어기제 중 하나가 자신의 심리현상을 상대방에게 투사하는 것이다. 투사는 자신이 다른 사람에게 갖는 감정을 상대방도 나에게 향하고 있다고 느끼는 것이다. 누군가를 미워하면 그 상대방도 나를 미워한다고 생각한다. 자신이 피곤할 때 그 피로의 감정을 상대방에게 돌린다. "당신 피곤해 보이네." 부부가 함께 TV나 영화를 볼 때 지루하다고 느껴졌을 때 "나는 재미없다"가 아니라 "당신 지루한 모양이군."이라고 말한다. 지루한 것은 정작 본인이지만 그것을 상대방에게 떠넘긴다. 부부 사이에서 피곤함과 지루함을 투사하는 것은 그래도 견딜 수 있는데 그것이 분노, 원망, 적대감 등이면 참기 어렵게 된다. 직장에서 매력적인 젊은 여사원을 향해 외도의 욕구를 느끼고 불안해진 남편이 집에 들어와서 아내에게 혹시 좋아하는 남자가 생긴 것 아니냐며 다그치는 것은 투사이다. "똥 묻은 개가 겨 묻은 개 나무란다."라는 우리 속담 역시 투사를 나타내는 말이다. 배우자에게 투사의 대상이 된 사람은 마른하늘에 날벼락을 당한 심정으로 답답하고 억울하다. 그렇지만 아무리 억울함을 호소하여도 투사를 보내고 있는 당사자는 전혀 들으려고 하지 않는다(최광현, 2013).

가족체계 안에서 우리는 가족들과의 상호작용을 통해 감정을 경험한다. 여기서 우리는 어떤 감정들이 있는지 그리고 그 감정들을 어떻게 표현해야 하는지를 배운다. 어린 시절 우리는 부모를 통해 어떤 감정들이 용인되고 받아들여지는지, 그리고 어떤 감정이 금지되는지에 대하여 배우게 된다. 가족 안에서 우리는 가족들이 요구하는 역할을 알아차리고 또한 요구된 역할을 수행하는 법을 익히게 된다. 이 가운데서 우리는 가족체계의 역동성이 요구하는 역할을 수행한다. 이런 역할을 수행하기 위해서 우리는 특정한 감정들을 학습해야 하며, 또한 특정한 감정들을 포기해야 한다. 가족 안에서 자녀가 무시당하고 학대

받게 되면 자녀는 자아 방어기제를 통해 자신을 방어하는 것을 배우게 된다.

자녀는 자신의 감정을 억압하고, 현실을 부정하며 분노를 소유물이나 가까운 사람들에게 투사시키고, 현실을 이상화하거나 축소시키고, 모든 것으로부터 자신을 분리시켜 아무 것도 느끼려 하지 않는다. 이러한 방어기제는 자신도 모르게 무의식적으로 만들어진 것이다. 이것들은 우리가 살아가는 방식이자 우리의 감정을 관리하고 보호하는 방식이기도 하다.

3. 마음에 박힌 유리조각 빼내기: 가족 트라우마 다루기

Hermann Hesse는 그의 책 『황야의 늑대』에서 "그러나 실제로는 그 어떤 나도, 심지어 가장 단순한 나조차도 하나의 통일된 존재가 아니다. 나는 지극히 다채로운 세계이며 하나의 작은 우주다. 수많은 형식과 단계와 상태들, 물려받은 유산과 가능성이 혼란스럽게 뒤섞인 카오스다."라고 말하였다. 우리의 자아는 우리가 오로지 걸어온 인생의 길에서 얻은 결과물이 아니다. 우리의 자아는 수많은 사람들의 경험과 자의식, 앞서서 살았던 수많은 선조와 그들이 남겨준 생물학적, 사회적 유산의 결과물이다. 우리 인간은 모두 누군가의 아들이거나 딸이고 우리가 속한 가족사의 일부이다. 우리의 조상과 부모를 연결시켜주는 가족사에는 긍정적인 부분과 함께 고통스럽고 아픈 상처가 놓여있다. 가족들로부터 받은 상처와 아픔 그리고 이러한 상처를 다루어왔던 방식들이 가족사에 담겨져 있다(최광현, 2014). 가족 트라우마(Family Trauma)는 한 인간에게 깊은 고통과 아픔을 주지만 정작 본인은 그 고통의 뿌리를 알지 못한다. 가족 안에서 벌어지는 모든 일들은 가족구성원 전체에게 깊은 영향을 미친다. 가족 안에서 발생한 트라우마를 직접 경험한 가족만이 아닌 존재마저 모르는 가족으로, 태어나기 훨씬 전에 존재했던 인물일지라도 무의식적으로 영향을 받는다.

McGoldrick(2007)은 가족의 모든 사건은 우리가 정체성을 형성하는데 영향을 미친다고 말한다. 예를 들어 만약 삼촌이 자살을 하면 이것은 모든 가족구성원들에게 죄책감, 수치심, 분노, 슬픔과 같은 부정적 감정에 사로잡히게 만든다. 자녀의 자살을 받아들여야 하는 조부모는 깊은 상처를 받게 되고 자책감 속에서 살아가게 된다. 삼촌의 가족인 숙모와 사촌들은 가장을 잃어버린 큰 슬픔 속에서 살아야 한다. 이를 지켜보는 부모는 죄책감과 수치심에 고통을 받는다. 부모의 계속되는 죄책감과 수치심은 우울증을 비롯한 다양한 증상의 원인을 제공하게 되며 정서적으로 힘들어하는 부모의 자녀로 나는 성장하게 된다. 가족 안에는 언제나 자살에 두려움과 공포가 존재하며 가족 안에서 또다시 불행이 발생할 수 있다는 불안을 공유하게 된다. 따라서 McGoldrick (2007)은 가족의 정서과정을 이해하기 위해서는 여러 세대에 걸친 '가족생애주기'를 탐색해야 한다고 한다. 가족은 서로 다른 장소에 살고 있더라도 최소 3세대에서 최대 4세대까지 하나의 정서체계를 공유한다. McGoldrick(2007)은 "가끔은 여러 세대에 걸쳐 똑같은 사건이 가족 안에서 반복하여 발생하는 것은 신비로워 보인다."고 하였다.

과거 세대에 일어났던 일이 반복적으로 다시 발생하는 데에는 '가족비밀'이 있다. 가족비밀을 통해 가족 안에서 발생한 가족 트라우마의 경험은 직접적인 경험을 한 가족들만이 아닌 다음세대의 가족들에게 깊은 영향을 미치게 된다(최광현, 2013). 인형치료는 우리는 우리 가족이 살아온 전체의 일부분이고, 우리 가족이 살아온 전체의 일부라는 것을 전제한다(McGoldrick, 2007). 가족의 역사 속에서 발생한 가족 트라우마(Family Trauma)는 강한 반복성을 가지며 트라우마의 '대물림' 현상의 직접적인 주요 원인이 된다. 유기체인 가족체계는 이전 세대로부터 생물학적이고 사회적인 유산을 받아서 다시 다음세대에게 전달해준다.

이러한 생물학적이고 사회학적인 유산은 개인과 가족의 삶의 유형과 질을 결정하는 중요한 요소가 된다. 가족 트라우마와 가족 대물림의 연쇄과정은 한 개인과 가족 모두에게 복잡하고 깊은 갈등과 위기를 불러 오게 된다. Hellinger(1994, 1997, 1999, 2001, 2002)는 가족 트라우마가 매우 강력한 대물림의 연쇄과정을 불러일으키며, 관계성 속에서 전이와 투사의 과정을 통해 얽힘(Verstrickung)을 일으킨다고 지적한다. 독일의 가족치료사 Hellinger의 가족 트라우마연구에서 발전한 인형치료는 가족의 상처가 현재와 미래의 삶에 지속적으로 영향을 미친다는 전제에서 출발한다. 과거의 경험이 미치는 영향력의 중요성은 비단 인형치료만이 아닌 심리학의 보편적인 전제 중에 하나이다.

1) 가족 트라우마와 가족의 비밀

Tisseron(2005)은 가족 안에서 발생한 트라우마가 가족비밀(Family Secret)의 메커니즘에 의해 확대 재생산 된다고 말한다. 이것은 가족 안에 무언가 일어나고 있지만 모두가 알면서도 아무도 거론하지 않는 것이다. 즉, 모두 알고 있지만 그것의 존재를 애써서 외면하거나 잊고 살도록 암묵적으로 강요받는 분위기를 말한다. 가족의 비밀은 도저히 말할 수 없는 사실들과 괴로워서 말하고 싶지 않은 트라우마적 사건의 기억들에서 시작한다. 트라우마를 경험한 당사자는 수치심과 죄책감의 고통으로 그 사실에 대해 입을 다문다. 그러한 고통스러운 사실을 가족들이 알게 됨으로써 상처받게 될 것을 염려해서 더욱 침묵을 지키려고 한다(Tisseron, 2005). 그러나 다른 가족구성원들에게 '심리적 부담을 주지 않으려고' 은폐하려는 의도는 완전히 밝혀지지 않더라도 어떤 식으로든 표면으로 나온다고 설명한다.

Tisseron(2005)은 이를 '비밀의 스밈'이라고 말하는데, 그 비밀을 간직한 사람은 양가적 갈등에 휩싸인다고 말한다. 즉, 내적으로 비밀을 지키고 싶은 마음과 반면에 비밀을 털어놓음으로써 자유로워지고 싶은 마음 사이에서 갈등을 겪게 된다는 것이다. 그렇게 함으로써 가족구성원들과 의사소통을 하면서 무의식적으로 파편적으로나 부분적으로 비밀을 노출시키게 된다. 특히 자녀와 같이 비밀을 간직한 사람과 정서적으로 유대의 끈이 강할 수밖에 없는 경우에 비밀의 영향을 많이 받게 된다. 예를 들어 조부가 자살을 하였을 경우 부모는 자녀들에게 이 사실을 숨기려고 한다. 그러나 마음 한편에는 비밀을 털어놓고 싶은 욕구에 시달리고 이것은 부분적으로 자녀에게 노출되게 된다. 자녀는 가족 안에 비밀이 있지만 그런 비밀이 존재한다는 것을 생각할 수도 없고 말해서도 안 되는 상황에 직면하게 된다. 자녀는 조부에 대해서 말 할 수 없다는 것을 감지하고 뭔가 있다는 사실을 느끼면서도 그 사실을 제대로 분명히 밝히는 것이 금지당할 때, 이런 상황을 헤쳐 나가는 과정에서 이중성을 띠게 되고 내적 갈등과 혼란의 주요한 원인이 된다고 말한다(Tisseron, 2005). 가족비밀은 자녀에게 자신들이 느끼고, 지각되는 것을 부인하도록 암묵적으로 요구하기에 자녀들은 감정의 마비를 강요받는다.

Tisseron(2005)은 한센병에 걸리면 신경이 죽어 손가락이 잘려나가도 아무런 통증을 모르는 것처럼, 가족비밀 속에서 의심, 불안, 분노, 슬픔, 무기력 다양한 부정적 감정을 발생시키지만 늘 표현하지 못하게 된다고 한다. 이런 가족의 아이들은 정서적 한센병에 걸린다. 혼란스럽고 감당할 수 없는 감정을 부인하도록 요구받으면서 차츰 감정의 감각이 마비된다. 분노와 고통을 느낄 때 "그런 감정을 느껴서는 안 돼" 라고 반응한다. 부모는 아이들에게 "네 감정은 중요하지 않아"라는 것을 가르치며 자기의 감정과 욕구를 느끼거나 표현하지 못하게 한다(최광현, 2016). 가족비밀은 가족들 안에 수치심과 죄책감의 모습으로 살아남게 된다(최광현, 2012). 그리고 이러한 수치심과 죄책감은 많은 마음의 병을 불러오고 삶 전체를 부인하도록 이끈다.

Kaufman(1992)은 자기의심과 혐오, 우울, 고립, 외로움, 편집증과 정신분열, 강박충동, 자아분열, 완벽주의, 깊은 열등감, 실패감, 경계선장애 등을 불러 올 수 있다고 말한다. 자기의 감정을 부인하도록 이끌리는 삶 속에서 심리적 무감각 상태가 발생하게 되고 자신들의 감정을 마비 당한 자녀들은 부정적인 부모의 Imago를 형성하게 된다(Brwon, 2009). 이것은 성인이 된 후 배우자의 선택과 부모가 채워주지 못했던 욕구를 배우자에게 충족하려는 투사의 메커니즘을 작동시킬 수 있다. 이전 세대에서 발생했던 트라우마와 욕구의 결핍을 상대방 배우자를 통해 해결하려 하면 부부관계와 가족관계는 갈등의 악순환에 빠지게 된다. 가족트라우마는 가족비밀의 메커니즘을 통해 다음 세대에게 고통을 대물림하는 악순환이 발생한다. 왜냐하면 가족비밀은 비밀을 유지하기 위해 어쩔 수 없이 또 다른 비밀을 만들어내고 이것을 지키기 위해 가족체계 전체가 왜곡될 수 있기 때문이다.

2) 가족트라우마와 무의식적인 투사의 메커니즘

가족에서 발생한 트라우마는 '이어짐'의 악순환을 통해 과거에 발생했던 것이 아닌 현재와 미래에도 발생할 수 있는 것이 되어버리고 대물림의 악순환의 사이클이 유지되게 만든다. McIntyre(1999)는 갑작스럽게 부모 중 한 쪽을 잃어버린 어린아이는 자신이 버림받았다는 느낌, 불확실성, 불안감을 경험하게 되며 이러한 감정들은 아이로 하여금 세상을 부정적으로 바라보게 만든다고 한다. 그리고 그 아이가 성인이 되어 결혼을 하게 되어 부모가 되었을 때, 자신도 모르게 무의식적으로 자신의 부정적인 감정을 드러내게 되고 이것은 가족들에게 커다란 고통의 원인이 될 수 있다. 가족들은 원인을 알지 못한 채 상대방의 성격과 기질, 인격의 부분으로 받아들이게 되고 가족전체에 부정적인 행동의 패턴을 만들어 낼 수 있다.

Maaz(2008)는 과거의 가족트라우마가 가족전체에 영향을 미치는 부정적 행동 패턴에 투사의 메커니즘이 존재한다고 말한다. 과거 가족 안에서 받았던 트라우마는 훗날 다른 사람에게 투사되는데, 이러한 현상을 전이감정이라고 말한다. 트라우마의 기억이 감정전이를 통해 드러나게 되면 현재의 상황에 과거의 경험과 감정, 생각들이 더해진다. McIntyre(1999)는 이때 감정전이를 통해 무의식적으로 과거의 사건과 유사한 각본을 만들어내게 된다고 말한다. 예를 들어 가정폭력을 행사하는 여성이 절대로 가정폭력을 행사하는 남자와는 결혼하지 않겠다고 결심하지만 결국 가정폭력을 행사하는 남자와 결혼을 한다. 이 여성은 치료가 불가능한 아버지와 달리 남편은 변할 것이며 치료되어 자기를 사랑해줄 수 있다고 믿게 된다. 여성은 현재 속에서 과거의 아버지를 무의식적으로 재현하게 내었고 Freud가 말하는 '반복강박(repetition compulsion)'을 재연하게 되는 것이다. "우리는 감정전이 자체가 반복의 한 단편이라는 것을 안다. 그것은 잊고 있던 과거를 의사에게뿐 아니라 현재 상황에서 다른 면들에 반복적으로 감정전이를 하는 것이라는 사실을 인식하게 되었다(McIntyre, 1999)." 감정전이에 다른 형태가 투사이다. 투사란 심리적 현상의 하나로 어디서나 볼 수 있으며 피할 수도 없는 것이다. 모든 투사는 무의식적으로 일어난다. 우리의 무의식적인 것은 반드시 투사된다. 사실상 모든 것이 무의식적이고 그래서 투사의 가능성은 아주 크게 남아 있다. 이 세상의 모든 인간관계들은 투사를 통해 이루어지지만 투사가 가장 강렬하게 나타나는 것은 부부의 관계이다(Maaz, 2008).

가족 트라우마는 가족의 비밀을 통해 트라우마를 다음 세대에까지 이어지게 만들고 이것은 투사의 메커니즘을 통해 현재 가족관계 안에서 갈등을 유발할 수 있다.

4. 안아주기 환경 촉진

학교에서 문제를 갖고 있는 아동이 변화되려면 엄마나 아빠로부터 지지받고 있다는 느낌이 반드시 필요하다. 이 때 아이는 가족 바깥의 더 넓은 세계에서 자신이 당하고 있는 어려움에 대해서 말할 수 있게 된다. 아동이 부모에게 자신이 학교에서 갖는 어려움을 비로소 이야기하게 되면 부모로서의 역량이 강화되고 부모로서의 자신감이 회복되어 아이와 더 잘 기능할 수 있게 된다. 이것은 부모의 변화로 이어지게 하고 아동은 부모 사이에서 겪었던 불안으로부터 벗어나게 된다. 이제 가족 구성원들 모두에게서 긴장이 완화되고 가족은 편한 공간이 된다. 마찬가지로 부부가 서로의 문제로부터 벗어나려면 한쪽 배우자가 자기를 지지한다는 느낌을 받아야 한다. 발달의 문제와 또래집단 안에서 어려움을 겪는 아이들은 안아주기의 결핍을 가진 아이들이다. 안아주기의 결핍은 단순히 정서적 차원의 문제가 아니기 때문이다. 아이의 내면세계는 엄마의 현존을 통해서, 특히 안아주고, 신체를 다루어주고, 들어 올려주고, 아이의 심리적 및 신체적 욕구에 대해 목소리와 눈빛을 통해서 반응해주는 것을 통해서 조직된다.

Scharff & Scharff (2006)는 대상관계는 이 작업을 '환경적 전이'로 부른다고 한다. 환경적 전이는 Bion이 말한 '담아주기(containment)' 개념에 해당된다고 말한다. 담아주기는 비온의 가장 큰 공헌 중 하나로 사춘기 자녀를 둔 가정의 성장을 촉진시키는 가장 기본적인 요소들 중의 하나라는 연구결과를 보고했다. 담아주기의 전체 과정은 부부나 가족 구성원들의 불안을 담아줄 수 있는 정서적 그릇 또는 환상적인 형태로 사고할 수 있는 능력을 말한다. 즉 부부나 가족구성원들이 처리할 수 없는 불안을 완화시킬 수 있는 능력을 제공해주는 것을 포함한다.

안아주기는 부부생활 초기에 각각의 부부가 삶과 고뇌에 대해서 상대방에게 이야기하는 동안에 활성화된다. 부부가 갈등과 위기에 처하는 것은 부부가 내면세계에서 경험하는 것을 내적으로 처리할 수 없어서가 아니라 서로에게 안아주는 환경을 제공하지 못하기 때문이다.

부부는 서로에게 필요한 안아주기를 경험해야 상대방이 원하는 안아주기를 줄 수 있다. 내담자는 상담사가 내담자의 내면세계를 이해해주고 함께 해줄 때에만 자신의 내적 대상들을 탐구할 수 있게 허락하듯이 부부의 경우도 동일한 방식으로 작동된다. 상담사는 부부와 가족의 안아주기의 환경을 열어주어야 한다. 이를 통해 부부와 가족은 변화할 수 있는 에너지를 얻게 되며 역기능의 가족체계를 순기능의 가족체계로 전환 시킬 수 있다.

5. 의사소통의 촉진

의사소통은 관계형성을 위해 반드시 필요한 요소이다. 의사소통은 관계의 핵심요소로 대화를 통한 의사소통 없이는 관계를 이룰 수 없기 때문이다. 의사소통은 강의 양쪽을 잇는 다리와 같은 것으로 두 세계를 이어주는 다리의 역할을 한다. 의사소통은 사람들 사이의 대화의 일치를 뜻하는 것이 아니다. 대화가 일치되지 않더라도 서로 가깝게 관계를 맺을 수 있도록 하는 것이다. 부부와 가족상담의 치료적 결말은 소통의 변화에 있다. 부부와 가족상담을 위한 치료과정은 소통의 촉진을 통해 치료를 마무리 하게 된다. 톨스토이의 소설 '안나 카레리나'에는 "행복한 가족은 모두 엇비슷하고, 불행한 가족은 불행한 이유가 제각기 다르다"라는 말이 있다. 결혼 생활이 행복해지려면 수많은 요소들이 성공적이어야 하며 한 가지만 어긋나더라도 나머지 요소가 아무리 성공적이라도 결혼은 행복할 수 없다는 말이다. 그 만큼 가족의 문제와 갈등의 원인을 찾는 과정이 복잡하고 힘들 수밖에 없다.

심리상담의 영역 중에서 가장 치료가 어려운 분야가 사실 부부와 가족문제이다. 대부분의 부부와 가족의 문제는 한 가지가 원인이 아닌 다양한 원인이 복잡하게 거미줄처럼 꼬여있기에 개인상담 보다 훨씬 힘겨운 치료과정을 갖는다. 가족에게 불행을 가져다주고 가족 모두에게 아픈 상처를 일으키는 복잡하게 뒤엉킨 갈등의 실타래는 사실 가족 중 누군가의 개인적 성격만의 문제가 아니다. 그것은 사랑하는 두 사람 사이에, 가족 안에 존재하는 관계와 소통의 방식의 문제에서 기인한다.

독일 출신의 세계적인 사회학자인 Luhmann은 사랑은 소통으로 표현된다고 말한다. 사랑은 단순히 상대를 좋아하고 아끼는 감정을 갖는 것이 아니다. 사랑한다면 그에 걸맞은 소통을 하는 것을 의미한다. 사랑하지만 정작 상처를 주고받는 가족들이 서로 진심으로 사랑하는 관계가 되기 위해서는 공감능력의 회복이 필요하다. 이것은 다른 가족들의 정서와 생각을 이해하고 '역지사지'하는 능력을 말한다. 인간에게 가장 행복한 순간은 다른 사람과 공감 있는 대화를 나눌 때이다. 눈과 눈이 마주치고, 얼굴과 얼굴이 서로를 향할 때 가장 큰 기쁨을 얻는다. 가족들이 소통의 부족과 대화의 결핍을 호소한다면 이것은 단지 말이 부족해서가 아니다. 소통은 우리에게 공감의 능력을 필요로 한다.

가족들이 자신을 사랑한다는 것을 몸과 마음으로 느낄 수 있는 순간은 공감 받았을 때라는 것을 기억하자. 반면에 가장 상처받을 때 역시 내가 무언가 진지하게 말했지만 상대가 아무 관심도 보이지 않고 무시하는 표정을 지을 때이다. 공감을 하려면 상대방의 감정에 들어가 봐야 하는데, 특히 남편들에게 그게 쉽지가 않다. 사회생활하면서 감정을 사용하면 경쟁에 뒤처질 수 있고 일을 처리하는데 어려움이 따르기에 감정을 무디게 만들어 일에 전념해 왔다. 문제는 집에 돌아가서도 직장에서처럼 감정을 억압하니 홀로 딴 세상을 사는 것 같이 여겨지게 된다. 공감은 자기감정을 사용할 수 있어야 하기 때문에 어렵다. 먼저 심리적 균형이 깨지지 않도록 자기감정을 허용하고 배려하는 지혜가 필요하다. 상대방에 대한 공감은 자기감정을 담담하게 인정할 때 물꼬가 트이고, '입장 바꿔 놓고 생각하는 것'으로 공감을 시작할 수 있다. 아이와의 관계에서 아이가 이해가 안 되면 아이 입장이 되어 생각해보는 것이다. 잊고 있었지만, 우리의 어린 시절을 기억하면서 그 심정을 헤아릴 수 있다. 가족 안에 문제가 생겨 서로의 감정과 생각이 꼬일대로 꼬였을 때 서로 입장을 바꿔 놓고 생각하는 것이 중요하다. 덮어놓고 서로 용서하자, 화해하자 말하기 전에 먼저 상대방의 입장에서 "그에게 그런 사정이 있었구나.", "그도 나처럼 외로웠구나."라고 공감해야 진정으로 용서도 하고 화해도 사랑할 수 있다. 우리는 가족들과의 대화를 통해 사랑을 주고받으며 이 과정에서 일상의 소소한 기쁨과 행복을 얻게 되고 이것은 끊임없는 긴장과 불안 속에서 우리의 삶을 버티게 해주는 원동력이 된다. 가족은 때로 우리에게 아픔과 고통의 원인이 되기도 하지만 그래서 벗어나고 싶기도 하지만 그럼에도 우리의 마지막 안식처이자 피난처이며 우리의 힘인 것이다.

Ⅳ. 부부 · 가족을 위한 인형치료 매뉴얼

<부부 · 가족 인형치료의 개입 모델>

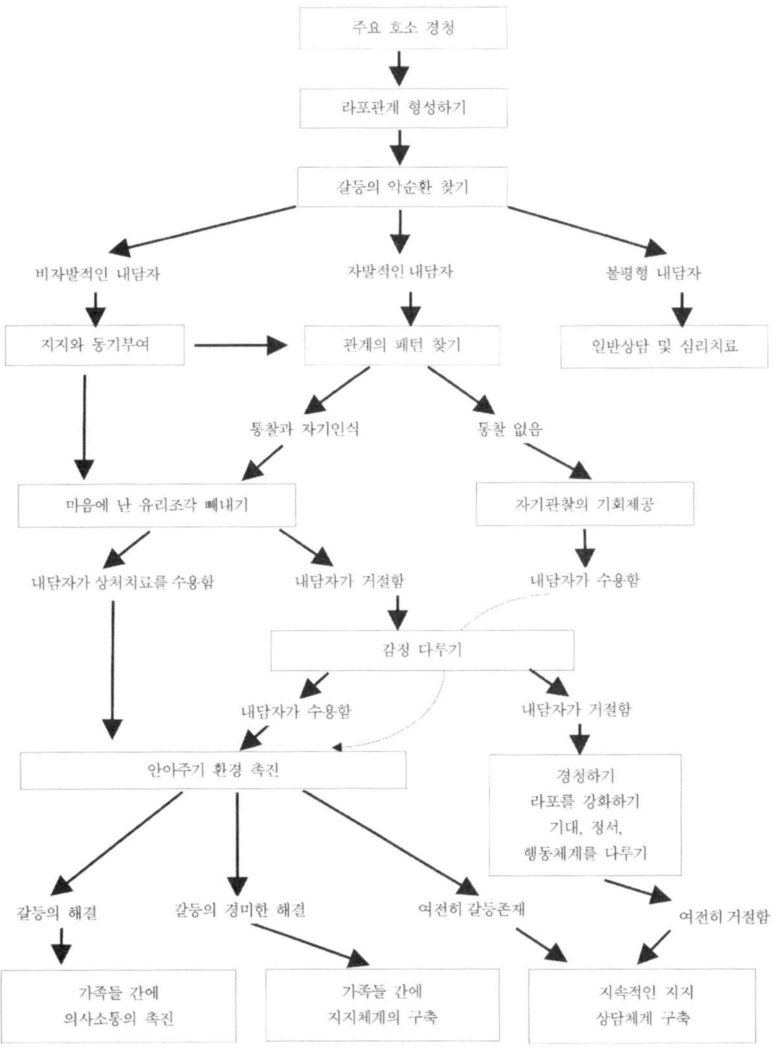

<부부 · 가족 인형치료의 개입 기법>

부부 · 가족 인형치료의 핵심

시각적, 촉각적 기능을 갖는 가족인형을 통해 부부 · 가족체계 안에서 일정하게 반복적으로 발생하는 갈등의 패턴을 찾는다.
찾아낸 패턴을 부부 · 가족구성원 모두가 이해하고 수용하게 한다.
이러한 수용의 작업을 통해 서로를 공감하게 하는 자세와 소통을 촉진시킨다.

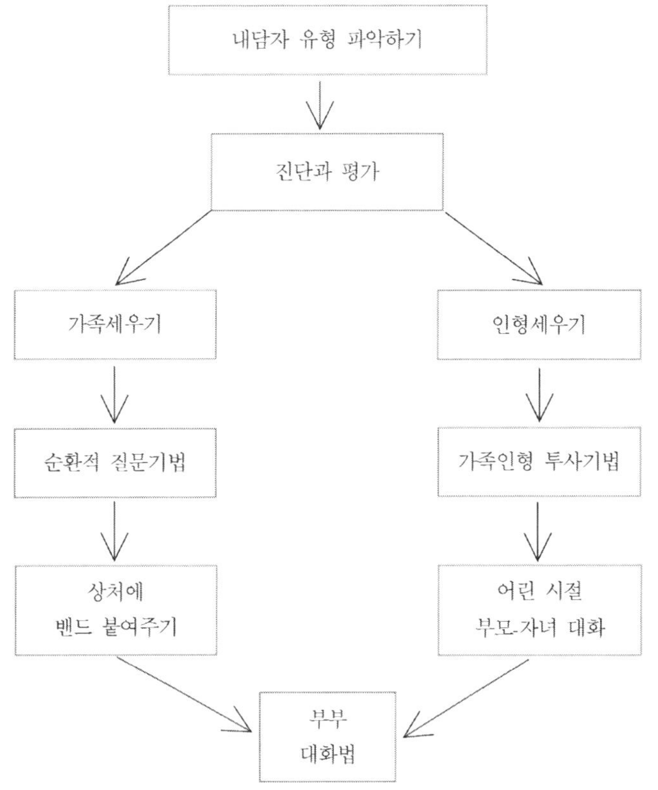

<부부 · 가족 인형치료의 개입 매뉴얼>

1. 갈등의 악순환 찾기: 가족체계

■ 진행과정

1) 현재의 가족인형 세우기

(1) 현재 함께 살고 있는 나의 가족을 인형으로 세우게 한다.

(2) 인형을 매개로 나의 가족을 소개하게 한다.

2) 어린 시절의 가족인형 세우기

(1) 어린 시절의 가족을 인형으로 세운 후 가족을 소개하게 한다.

(2) 어린 시절 가족 안에서 "나"를 찾아보게 한다.

사용할 기법
공감 경청 가족세우기 기법

■ 사정평가

가족체계유형 탐색	관계패턴 탐색
◆ 부친고립형	◆ 성인 불안정애착 회피형
◆ 우회공격형	◆ 성인 불안정애착 의존형
◆ 우회보호형	◆ 성인 불안정애착 거부형
◆ 분열형	◆ 성인 안정애착

<계속>

가족체계유형 탐색	관계패턴 탐색
◆ 세대단절형 ◆ 이산형 ◆ 목적지향형 ◆ 밀착형 ◆ 균형형	◆ 힘겨루기(파워게임) ◆ 가족 트라우마

■ 이론적 배경

1) 가족체계유형

◆ 부친고립형

부부체계 사이에 긴장과 갈등이 생길 때 한쪽 배우자가 자녀들을 자기편으로 끌어들이는 것을 말한다.

◆ 우회공격형

부부체계 사이에 긴장과 갈등이 생길 때 서로 직면을 통해 해결하지 못하고 가족구성원들 중 한 명에게 투사를 하여 발생한 부정적인 감정을 해소하는 것을 말한다.

◆ 우회보호형

부부체계 사이에 긴장과 갈등이 생길 때 자녀 중 한 명이 병약하거나 장애를 가진 경우 그 자녀를 보호하면서 발생한 부정적인 감정을 회피하는 것을 말한다.

◆ 분열형

부부체계 사이에 긴장과 갈등이 발생하고 그 갈등이 최고조에 달하는 경우, 부부는 서로 자녀들을 자기편으로 끌어들이려고 하고 이를 통해 가족 전체가 분열되는 것을 말한다.

◆ 세대단절형

부모가 자녀들에게 충분히 기능적인 애착관계를 형성하지 못하고, 부모와 자녀 세대 사이에 긴장과 갈등이 발생하는 것을 말한다.

◆ 이산형

가족구성원들 모두가 마치 호텔에 투숙한 투숙객처럼 서로에 대해 별다른 관심과 친밀감을 형성하지 못하는 경우를 말한다. 여기에는 독립과 분리라는 장점이 있지만 친밀감이 부족하고 외로움을 느끼게 되는 형태로 최근에 가장 많이 발생하는 가족체계이다.

◆ 목적지향형

가족구성원들 사이에 관계와 소통이 제대로 형성되어 있지 못하지만 생존과 안전을 위해 버티고 있는 경우를 말한다. 매슬로가 말하는 생존과 안전의 욕구가 해소되지 못하는 가족체계에서 발생한다.

◆ 밀착형

가족구성원들 모두가 지나치게 밀착되어 있으며 가족 간에 적절한 경계선이 침해되어 있는 경우를 말한다. 친밀감이라는 장점은 존재하지만 독립과 분리가 부족하다.

◆ 균형형

기능적 가족형태로 가족들 사이에 적절한 관계와 소통이 발달되어 있으며 또한 적절한 경계선이 발달되어 있어 가족이 기능적으로 작동하는 경우를 말한다.

2) 성인 불안정 애착

부부 및 가족 사이에 가장 중요한 친밀감 형성을 하지 못하는 사람들이 있다. 가족들을 사랑하지 않아서가 아닌 친밀감의 능력이 손상된 사람들이다. 성인 불안정애착을 가진 사람들로 여기에는 회피형, 의존형 및 거부형이 존재한다.

내담자 중에 남편에게 사랑받고 싶다고 요청하는 여성들이 있었다. 이들은 남편의 사랑을 갈망하고 있었고 이것이 남편에게 채워지지 않자 몹시 힘들어하고 남편을 변화시키기 위해 애를 썼다. 남편과 아이들은 이런 엄마에 대해 지쳐 있었다. 한 내담자의 남편은 상담실에 와서 자기는 아내 덕분에 수많은 부부상담사를 만났고 아내가 원하는 대로 다해주고 있지만 아내는 언제나 불만족이라고 호소하였다. 남편의 사랑을 갈구하는 아내들은 저마다 이유를 갖고 있다. 지나치게 일에 열중인 남편, 성공에 집착하는 남편이었다.

내담자는 시골에 가서 살더라도 사랑을 좀 실컷 받았으면 좋겠다고 호소했고 '아내는 현실을 너무 모른다'고 남편은 아내의 말에 핀잔을 주었다. 분명한 것은 남편은 분명히 노력하지만 아내는 여기에 만족할 수 없었다. 여기서 아내는 성인 애착장애를 갖고 있는 내담자였다. 성인 애착장애자들은 애착을 간절히 갈구하지만 어떻게 사랑의 관계를 형성해야하는지 모른다. 사랑의 결핍에서 오는 공허감과 외로움을 남편의 문제로 돌리고 남편의 변화만을 요구하는 경우가 많다.

성인 애착장애를 가진 사람은 배우자의 어떤 노력도 해결에 도움이 안된다는 사실이다. 배우자가 변화되어 노력하면 이것을 좋게 평가하기보다 오히려 "역겨워하고 진작 그렇게 하지"라고 하며 가치를 절하하거나 변화된 모습에 더 화를 낸다. "이렇게 변화될 수 있는 사람이 왜 그렇게 행동했냐?"며 변화되어도 문제의 상황이 달라지지 않는다. 헬링어는 사랑을 원하지만 사랑을 얻을 수 없는 사람의 문제는 사랑이 부족하다는 것이 아닌 사랑을 형성할 능력이 없는 것이라고 말하고 이것의 원인이 어린 시절 애착의 문제에서 시작되었다고 본다. 애착의 문제 역시 얽힘을 유발할 수 있는 주요 주제인 것이다. 애착은 인간에게 생물학적으로 주어진 하나의 본성이다. 인간은 애착에 맞추어 생물학적으로 프로그래밍 되어있다. 이미 갓난아기 때부터 웃기, 울기, 붙잡기 등 전형적인 애착 행동을 보이고 엄마가 필요하면 분명한 언어적, 육체적 신호를 보낸다.

◆ 회피형

친밀감을 두려워하고 친밀한 관계를 회피하려는 경향을 갖는다.

부모를 충분히 신뢰할 수 없었던 경험을 갖고 있다. 자신의 욕구에 아무도 주목하지 않은 경험은 부정적인 생각을 갖게 된다. 앞으로도 부모만이 아닌 모든 사람들에게 자신의 소망은 이루어지지 않을 것이며 자신은 사랑과 보살핌을 받을 자격이 없다고 생각하게 된다. 거부에 대한 두려움을 보상해줄 수 있는 자신만의 방법을 찾게 되는데, 자기방어를 위해 관계를 회피하는 것도 그 한 예이다. 관계를 오래 유지 못하고 상대방의 관심이 식어서 등을 돌린다.

◆ 의존형

자기 자신에 대해서는 부정적인 시각을, 파트너에 대해서는 긍정적인 시각을 갖는다. 관계의 지속성에 대해 불안을 느끼고 파트너에게 강하게 집착하며 버림받음의 두려움을 갖는다. 상대가 자신을 사랑하지 않을까봐 몹시 두려워한다. 속수무책의 감정과 무기력을 경험한다. 상대와의 관계에서 완전히 통제력을 상실했다는 느낌이 들면 관계를 끝내고 다시 새로운 관계를 시작하고 싶은 욕구에 빠진다. 종속적이고 눈치보고 버림받을까 두려워하다가 도저히 통제가 될 수 없다고 느껴지면 확 돌변해서 새로운 관계를 만들려고 한다.

의존형의 성인들은 대개 어린 시절에 부모가 매사 변덕스러워서 혼란을 겪었던 경험이 있다. 부모의 상태를 감지하기 위해 예민하고 부모 기분을 살피고 비위를 맞추려 끊임없이 노력했다. 이런 행동이 물론 자녀에게는 엄청난 스트레스이다. 관계 안에서의 불안, 긴장감은 만성 질병처럼 파트너와의 관계에서도 계속 이어지게 된다. 파트너쉽을 편한 마음으로 유지 못한다. 너무나 버거운 일이다. 상대가 자신을 버리거나 자신을 전혀 사랑하지 않을 거라는 두려움이 너무 크기 때문이다. 애착 유형은 좀처럼 바뀌지 않을까?

◆ 부모에게 거부당한 경험, 거부형

우리의 모든 애착 능력과 애착 행동은 우리가 태어나서 가장 먼저 경험하게 되는 부모 또는 다른 친밀한 보호자에 의해 결정된다. 어린 시절 부모와의 애착에 장애가 있었다면 평생 불안정 애착관계를 형성할 확률이 매우 높다. 말 잘 듣는 아이를 만들기 위한 폭력, 폭언, 협박, 위협, 애정 결핍, 죄책감 부여 역시 불안정애착을 가져오는 원인이 된다. 친밀감에 대한 욕구를 계속 거부 당한 경험을 한 아이 역시 불안정애착을 형성 할 수 있다.

성인 불안정애착유형의 내담자는 파트너가 자신에게 특정한 기대를 하고 있다는 두려움에 사로잡혀있다. 그래서 그 기대가 어떤 것인지 알아내고 그것을 충족시키거나 그에 저항하려고 늘 애를 쓴다. 이같은 태도 뒤에는 충족되지 못한 부모로부터의 거부당한 어린 시절의 경험이 자리 잡고 있다. 과거에 부모가 휘두르는 대로 속수무책으로 당했던 경험을 되풀이하고 싶어하지 않기 때문이다. 그래서 불안정 애착 유형의 파트너는 현재의 파트너십을 가로막고 있는 과거의 모습들과 싸우게 된다.

◆ 애정과 존중 속에서 성장한 안정애착

자녀의 욕구를 섬세하게 인식하고 보살피는 부모 밑에서 성장한 안정애착 유형을 지닌 사람들의 가장 큰 특징 중 하나는 사랑하는 사람과의 공간적 분리를 비교적 수월하게 이겨낸다는 것이다. 슬픔과 그리움의 감정을 어느 정도 갖지만 한시적인 공간 분리가 깊은 절망감으로 이어지지는 않는다. 사랑받고 있다는 확신이 있기에 일정 기간 헤어져 있더라도 관계를 무사히 지속할 수 있다. 이들은 관계에 대한 실망을 경험하더라도 다시 신뢰 깊은 새로운 관계를 갖는 능력을 갖고 있다.

우리가 다른 사람들과 맺는 애착관계의 방식은 부모의 신뢰성에 대한 우리의 내적 기대감에 따라 정해진다. 아이 때 학습한 애착관계의 기대는 절대로 유연하지 않으며 만나는 상대에 따라 쉽게 바뀌지도 않는다. 어린 시절 부모를 만족시켜야 했던 사람은 파트너의 소망을 먼저 읽어내 상대가 자신을 사랑하게 하려고 애쓴다. 어린 시절 부모에게 썼던 전략을 지금도 무의식적으로 사용하며 전략이 성공하기를 간절히 바란다. 그리고 이런 기대는 성인이 되어서도 애정 관계의 파트너에게 그대로 이어진다. 그것이 옳든 아니든 상관없다. 이처럼 우리는 성인이 되었을 때의 관계에서도 빈번히 과거의 기대를 반복한다. 그래서 부모로부터 충분한 사랑을 받지 못했다고 느끼면서 성장한 경우, 파트너에게도 계속해서 사랑받지 못한다는 생각에서 헤어나지 못한다. 파트너가 그에게 느끼는 실제 사랑의 크기와 상관없이 말이다. "사과는 나무에서 먼 곳에 떨어지지 않는다." 애착 유형은 세대를 이어서 비슷하게 대물림된다. 어린 시절 안정적인 애착 경험을 한 사람은 이를 자녀에게도 그대로 물려준다. 어린 시절에 불안정애착이 형성된 사람은 이를 바꿀 수 있는 결정적인 경험을 하지 못했다면 말이다.

그러나 절대 변하지 않는 것은 없다. 애착유형을 변화시킬 수 있다. 불가피하게도 인간은 살아가면서 힘든 상황과 자주 마주치고 인간관계에 실수를 범한다. 그러나 상처와 아픔이 있는 만큼 성장과 치유도 있다. 사회적 존재로서 인간은 관계를 통해 자신을 더욱 발전시킬 수 있으며 시간이 지나면서 낡은 패턴을 버릴 수도 있다. 자신의 애착 유형을 알아야 한다. 자신이 과거에 어머니에 대해서 갖고 있던 모든 생각이 모든 여성에게 적용되는 것은 아니며, 따라서 만나는 사람마다 어머니처럼 돌보고 떠받들 필요가 없다는 사실을 인식해야 한다. 그의 삶과 관계에 어느덧 안정감이 자리잡고 과거의 상처와 두려움은 서서히 완화되어간다. 이와 같은 긍정적 경험을 쌓기 위해서는 어린 시절에 안정적인 애착관계에서 자란 파트너를 선택하는 것이 좋다.

3) 힘겨루기(파워게임)

부부 사이가 서로 경쟁적이고 사소한 다툼에 휘말리는 것은 두 부부 사이에 파워게임이 존재한다는 것을 의미한다.

권력은 우리 삶에서 매우 중요한 역할을 한다. 심리학자 알프레드 아들러는 <권력에의 의지>에서 권력에 대한 욕구가 인간의 원초적인 욕구라는 것을 설명한다. 우리는 사회생활 속에서 많은 인간관계를 맺고 살아간다. 이곳에는 일정한 위계질서가 존재하며 권력을 가진 사람들이 있다. 발언권이 강하고 자신의 제안을 관철시키고, 수용된 의견이나 생활방식 등과 관련해 좌중의 분위기를 선도하는 사람이 있다.

Glasser는 가정에서 폭력과 분노를 표출하는 남편은 거의 언제나 결혼생활 밖에서 권력이 없다고 느끼는 경우에 이런 일이 일어난다고 말한다. 남편이 얻을 수 있는 유일한 힘은 아내와 아이들을 지배하는 것이다. 이런 상황에서 가족이 할 수 있는 일은 아무것도 없는데 아주 완전히 굴복을 하더라도 그가 필요로 하는 권력의 욕구를 채워주지 못한다.

부부와 가족관계에서도 권력은 중요한 역할을 한다. 권력이란 상대에게 영향력을 행사한다는 것이다. 우리는 지극히 사적인 가족관계에서도 매일, 아니 매시간 권력을 사용한다. "휴가지는 누가 정하고, 벽지의 색깔은 누가 선택할 것인가?" 가족의 규칙을 누가 만들 것인가? 등을 통해 권력을 행사한다. 가족 안에서의 권력행사는 가족의 중요한 일에만 행사되는 것이 아니다. 자녀를 어느 학원에 보내고, 어떤 옷을 살지 대개는 일상적이고 사소한 일들에서 가족들에 대한 권력이 사용되고 있다. 그러나 모든 부부가 서로 권력을 두고 다투지는 않는다. 부부 중 한 명이 항상 판단을 내리고 결정을 하면, 다른 한 명은 거기에 수긍하고 복종한다. 이런 부부는 권력을 두고 싸우지 않는다. 정확하게 말하면 감히 싸우지를 못한다. 이런 부부관계를 '종속적 관계'라고 말한다. 한 사람이 우월한 지위에서 지배하고, 충고하며 지시하는 반면 다른 사람은 종속적 지위에서 상대방의 요구와 지시를 수용하고 순종하는 관계이다. 이 유형은 공개적으로 다투지 않고 부부싸움의 횟수도 적다. 서로 사랑해서 다투지 않는 것이 아닌 감히 대들 수가 없는 것이다. 시간이 갈수록 '위'에 있는 쪽은 점점 고립됐다는 느낌이 커질 것이고, '아래'에 있는 사람은 억압받고 무시당한 다는 느낌을 받는다. 겉으로 드러나게 자기의 의사를 표출하지 못하지만 수동공격형으로 표현한다. 은밀한 방법을 동원해서 상대를 공격한다. 자녀들과 편을 짜서 상대방을 왕따시키거나, 몸이 아파서 아무 것도 못하겠다고 드러누워 버리면서 그 동안 자신을 억압한 배우자에게 복수를 행한다. 이런 종속적 관계는 두 부부의 힘이 분명하게 차이가 있을 때 발생한다. 반면에 두 부부의 힘이 서로 비슷하면 두 사람은 서로 상대방에게 지시를 하거나, 비판하고 충고하게 된다. 그러다 보면 두 부부는 자주 싸우고 다투게 된다. 이런 유형의 부부관계를 '대칭관계'라고 한다. 이 유형은 서로 비슷한 힘을 가지고 있으며 가진 힘을 더 확대하려고 다투게 된다. 그러나 이런 부부는 민주적인 부부관계를 유지하게 된다. 누군가 일방적으로 자기 의견을 밀어 붙이지 않고 비록 다투더라도 서로의 의견을 조율해서 판단을 한다. 외형적으로 종속적 부부관계 보다 더 많이 싸우지만 과연 더 불행하다고 할 수는 없다.

가족치료사 Haley는 가족들이 서로 힘을 놓고 권력싸움을 하게 될 때 이것이 지나치게 되거나, 또는 힘의 배분에서 한쪽이 불평등한 힘의 배분에 대해서 참을 수 없게 되면 가족의 위계질서가 무너지게 되며 이것은 가족 안에 문제증상을 유발한다고 말한다. 즉 가족 안에서의 지나친 권력싸움은 가족의 위계질서를 깨뜨리게 한다.

가족 안에는 자연발생적인 위계질서가 존재한다. 자녀세대와 부모세대 간에는 각각의 일정한 위계질서가 놓여있으며 먼저 가족에 들어온 순서로 해서 위계질서의 서열을 갖는다. 시간을 통해 서열을 얻으며 처음 태어난 아이가 그 다음에 태어난 아이보다 앞선다. 고대 사회로 갈수록 집단에서는 나이에 따라 서열이 정해지고 위계질서가 형성된다. 이런 위계질서는 집단의 생존을 위해 반드시 필요한 질서였다.

가족의 위계질서는 가족 간의 권력싸움으로 인해 혼란이 발생하게 된다. 예를 들어 어머니와 아버지가 휴가 장소를 놓고 다투고 있다. 여기에 자녀가 끼어들어 어머니의 편을 들어주었을 때 아버지는 할 수 없이 어머니의 의견을 따라서 휴가 장소를 결정하였다. 이 때 이 가족에는 위계질서의 혼란이 발생한다. 부모와 자녀사이에는 분명한 위계질서가 존재하는데 이 가족에서는 부모 보다 하위에 속한 자녀가 결정자의 역할을 함으로써 위계질서의 혼란이 발생한다. 이처럼 어머니가 자녀와 밀착되어 있고 아버지는 소외되었다면 위계질서의 혼란이 발생할 수 있다. 또한 자녀가 부모의 배우자 역할을 하는 경우도 위계질서의 혼란이 일어난다.

<대칭형 관계의 도식>

○ 대칭형 관계
○ 종속형 관계
○ 메타보완적 관계

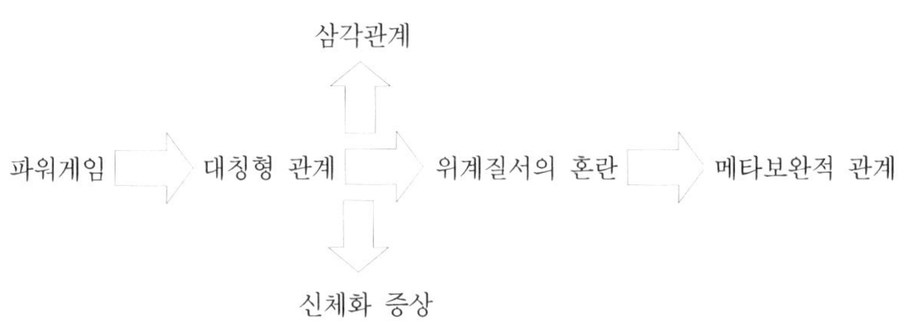

---

4) 가족 트라우마가 있는가?

현재 가족과 원가족 안에서 트라우마가 발생했는가? 발생했다면 그것의 영향력과 흔적이 무엇인지를 탐색한다.

독일의 가족치료사 Hellinger는 가족에서 발생하는 다양한 갈등과 문제를 가족이라는 큰 그림 속에서 보아야 한다고 말한다. 가족들 스스로의 의지와

선택에서 기인하지 않은, 이유를 알 수 없는 갈등과 문제는 가족의 '얽힘(Verstrickung)'에서 발생한다고 본다. 얽힘은 가족 안에서 상처가 발생했을 때 발생하는 것으로 "상처가 또 다른 상처를 만들어내는 메커니즘"이다. 가족 안에 발생한 상처에 대해 아무상관 없는 다른 가족들이 상처의 피해자 또는 가해자와 자신을 동일시하여 그 사람의 운명을 따르려고 하는 것으로 그의 감정과 태도를 갖게 될 때 일어난다. 이유를 알 수 없는 우울증, 죄책감, 정신적 장애, 자살에 대한 욕구와 같은 많은 현상들이 얽힘으로 기원될 수 있다. 우리는 가족에 대한 강한 충성심을 갖고 있으며 일반적인 인간관계에서 볼 수 없는 무의식적인 행동이 발생한다. 우리는 적어도 가족 안에서는 이기적인 존재가 아니다. 가족을 위해 기꺼이 협력하고 스스로 위험을 감수하고 희생할 수 있는 존재들이다. 따라서 가족 중 고통 받는 사람이 생기면 그의 감정이나 그의 불행한 운명을 마치 자기의 몫으로 받아들이고 힘들게 살아감으로써 얽힘에 휘말린다. 부모를 힘들게 하는 반항아의 내면에 부모에 대한 깊은 충성심이 바탕을 이루는 것을 보고 놀란 적이 있다. 겉으로 드러나는 모습은 거칠고 반항하는 모습이지만 그 내면에는 오히려 부모에 대한 깊은 사랑과 애착이 숨겨져 있었다. 불행한 결혼생활과 여기서 생기는 부정적인 감정을 내면화시켜 스스로 짊어지고 부모 이상으로 고통스러워하고 있었던 것이다. 얽힘은 콤플렉스의 가장 중요한 발생 원인이 된다.

*** 얽힘을 발생시키는 트라우마 ***

부모와 조부모 그리고 형제자매의 조기사망과 힘든 운명
낙태, 유산 그리고 사산
비극적 죽음과 사고로 인한 죽음
자살과 파산
범죄와 부당한 사건의 희생자와 가해자
배우자 또는 약혼자의 갑작스러운 죽음
입양
파혼과 이혼
가족적 비밀

가족으로부터 소속될 권리를 박탈 당하거나 존중받지 못함
가족희생양
전쟁의 경험

*** 얽힘의 발생으로 인한 증상체계 ***
당신이 슬픔, 고난, 죽음에 대한 동경을 느끼는 경우
당신이 자주 당신 자신이 존재하지 않는다는 감정을 갖는 경우
당신이 가족 안의 몇몇 상황 속에서 이방인처럼 느껴지는 경우
당신이 꼭 집어서 설명할 수 없지만 무언가 당신의 생활이 그늘지는 경우
때때로 당신 자신을 이해하지 못하는 경우
자녀로써 당신이 부모 중 한명이나 또는 양부모에게 어떤 목적에 이용당했다고 느껴지는 경우
당신이 자기 자신의 바램과 일치하지 않는 과제나 의무를 떠안아야하는 경우
당신이 계속해서 심히 부담스럽고, 내버려져있고 또는 희망이 없다고 느껴지는 경우
당신이 누군가의 무언가 뒤치다꺼리를 하는 경우
당신이 경제적으로 성공하지 못한 경우
당신이 관계를 오래 유지하지 못하는 경우
당신이 자신의 삶에 단단히 묶여있어서 더 나아가지 못한다고 느끼는 경우
당신이 언제나 당신의 삶 속에서 별다른 이유를 발견하지 못하는 슬픔, 우울적인 불쾌감로 힘들어하는 경우
당신이 실제로 주어진 삶을 누리지 못하고, 산다는 것에서 별다른 기쁨을 느끼지 못하는 경우
당신의 가족 중에서 세대 간에 질병, 부모와 형제 자매의 조기 사망, 힘든 운명, 불행한 관계를 반복하는 경우
당신이나 당신의 부모가 그리고 조부모가 일찍 아버지, 어머니, 형제 자매, 자녀를 잃어버린 경우

2. 내담자 유형 파악하기

상담사는 인형치료 현장 속에서 다양한 내담자 유형을 만날 수 있다. 상담사는 치료적 접근을 하기 전에 먼저 지금 내 앞에 있는 내담자가 어떤 유형의 내담자인가를 파악하고 여기에 맞는 접근방식을 준비하는 것이 필요하다. 부부 및 가족을 위한 인형치료 현장 속에서 만날 수 있는 내담자의 유형을 크게 세 가지로 분류할 수 있다.

변화를 위한 준비가 된 자발적 내담자

자발적 내담자는 위기문제의 변화를 위해 적극적이며 자신의 책임과 문제에 대해서 잘 알고 있으며 상담자의 치료적 개입을 수용할 준비가 되어 있다. 이러한 경우 상담의 성공률은 매우 높아진다. 상담자는 비자발적인 내담자와 불평형의 내담자를 적절한 치료적인 접근을 통해 준비된 내담자로 변화시켜야 한다.

→ 자발적 내담자에 대한 상담자의 치료적 접근

◆ 상담자는 내담자와 긍정적이고 협력적인 치료관계를 형성하면서 상담목표를 세우면서 치료개입을 진행한다.

지지와 동기부여가 필요한 비자발적인 내담자

부부·가족갈등의 위기 속에서 주변 사람들에 의해 강제적으로 상담을 받게 되는 경우이다. 상담자는 상담의 동기가 부족한 내담자를 어떻게 적극적인 자세로 상담에 임하는 내담자로 변화시킬 것인가는 중요한 과제이다.

◆ 자신의 의사와는 상관없이 강제적으로 상담을 받으러 온 내담자이다. 본인의 의지가 아닌 가족이나 주변 사람들의 강제적 행위로 상담을 하게 된 내담자이다.
◆ 내담자는 문제를 해결하려는 의지가 빈약하며 상담에서 적극적인 자세를 취하지 않고 마지못해 수동적으로 상담에 임한다.
◆ 내담자의 주요 목적은 빨리 상담자와의 관계를 끝내는 것이다.
◆ 내담자의 수동적 자세로 상담의 목표를 발견하기가 어렵다.

→ 비자발적인 내담자에 대한 상담자의 치료적 접근

◆ 상담자는 내담자와 라포관계를 형성하며 칭찬하기를 한다.
◆ 내담자가 원하는 것을 발견한다.
◆ 상담의 목적을 설정하는데 내담자의 결심을 존중하고, 내담자가 자신에게 좋은 점이 무엇인지를 아는 지적능력을 갖고 있음을 믿어준다.
◆ 내담자의 목적에 동의하며 그의 문제에 공감적이다.
◆ 상담의뢰자의 요구에 대한 내담자의 관점을 물어본다.

비지시적 상담접근이 필요한 불평형 내담자

내담자가 수동적인 내담자 보다는 적극적으로 상담에 임하며 자신의 문제를 상담자에게 호소하지만 정작 문제가 변할 수 있다는 기대가 부족하다. 이러한 내담자는 자신의 문제에 대해서 불평만하지 정작 변화에 대한 동기가 부족하다.

◆ 내담자는 주로 상담자에게 문제의 어려움을 호소하고 불평을 말한다.

◆ 내담자는 상담사를 삼각관계로 끌어들이려고 한다.

◆ 내담자는 상담자가 자신의 문제를 변화시키는데 도움이 될 수 있다는 것을 믿지 않는다.

◆ 내담자는 위기의 문제에 대해 남의 탓을 말하며 자기는 거의 상관이 없고 타인의 책임으로 돌리고 원망한다.

◆ 반대로, 내담자는 지나치게 자신의 책임을 받아들여서 모든 것이 자신 때문에 생긴 것이고 자신만 죽으면 다 해결될 수 있다고 말한다. 그러면서 상담자의 도움이 별로 의미가 없을 것이라고 믿는다.

→ 불평형에 대한 상담자의 치료적 접근

◆ 내담자가 문제의 변화에 대해 남을 비난하고 누군가가 변화되어야 해결될 수 있다고 본다면, 상담자는 우선적으로 내담자의 편에서 수용하고 공감을 한 후 문제를 해결하기 위하여 지금까지와는 다르게 내담자가 할 수 있는 것이 무엇인지를 찾는다.

◆ 직접적인 토론은 피하면서 내담자가 해결책을 찾도록 도와준다.

◆ 내담자가 자신도 문제가 있을 수 있음을 깨닫기 전에는 해결책을 제시하는 것을 삼간다.

---

3. 내담자의 기대 따라가기: 기대, 정서, 행동체계

■ 진행과정

1) 서로에 대한 불만 경청하기

내가 가장 못마땅하게 여기는 것은 무엇인가?

2) 서로의 기대 탐색

최악의 남편, 아내는 무엇인가? 최악의 엄마, 아빠, 아들, 딸은 내게 무엇인가?

3) 가족인형세우기

내담자가 아닌 상담사가 내담자의 이야기 흐름에 따라 관련 인물을 세운다. 이야기 속에서 나타나는 관계성에 따라 위치를 세운다. 내담자는 관련된 이야기를 하면서 자연스럽게 세워진 인형을 시각과 촉각 그리고 정서적 투사로 사용한다.

사용가능한 기법
공감 경청 가족세우기 기법

■ 이론적 배경

불만을 경청하는 것은 부부·가족 갈등의 악순환을 탐색하기 위한 첫 단계이다. 부부가 서로에 대한 불만을 말할 때 갈등의 악순환이 가진 패턴에 접근할 수 있다. 불만은 가장 확실한 안내자이다. 부부가 자신들이 가진 문제를 해결하기 위해 내방하였을 때 그들의 입에서 처음으로 말하는 불만의 내용은 아주 중요한 것이 된다. 그들이 말하는 불만은 일회적이거나 일시적인 불만의 내용이 아닌 결혼생활 내내 지속적으로 느낀 불편한 내용이기 때문이다. 부부 모두가 호소한 불만은 아주 오랜 동안 지속되어왔으며 그 동안 부부가 이것을 해결하기 위해 여러 노력을 기울였지만 실패했음을 보여주는 것이다.

불만은 이 부부의 가족사에 발생했던 트라우마나 부부가 가진 콤플렉스의 실체를 드러나게 해준다. 이것들은 부부·가족갈등의 깊은 뿌리에 해당되는 것으로 끊임없이 부부·가족 안에 긴장과 갈등을 가져오게 하는 역기능적 가족항상성의 원인이 된다.

부부·가족의 갈등은 현재의 문제만이 있는 것이 아니다. 부부·가족은 갈등의 원인을 현재 속에서 찾지만 언제나 갈등 안에는 과거의 것이 존재한다. 부부·가족이 과거의 것을 인식할 수도 있고 아닐 수도 있다. 우리는 어린 시절의 경험을 통해 한 가지 콤플렉스가 아닌 여러가지를 갖고 있는 경우가 있다. 그러나 이 모든 콤플렉스의 존재를 다 찾아내거나 파헤칠 필요가 없다. 부부·가족이 가진 불만과 연결된 콤플렉스를 찾으면 된다.

---

4. 관계의 패턴 찾기: 투사의 메커니즘

■ 진행과정

1) 현재 가족 안에서 겪은 갈등을 가족인형으로 세우기

(1) 현재 가족 안에서 겪고 있는 힘든 상황이나 문제 상황, 해결하고 싶은 상황을 가족인형으로 재연하여 세우게 한다.

(2) 이런 상황 속에서 내담자 스스로 가족 안에서 "나"를 어떻게 느끼는지 그 느낌을 이야기하게 한다.

(3) 가족구성원들이 "나"를 어떻게 볼 것인가를 이야기하게 한다.

(4) 가족구성원들이 특정 상황에서 힘들어하고 있는 "나"를 어떻게 보는가? (어떻게 생각하고 있는가?) 이야기하게 한다.

(5) 해결하고 싶은 상황을 가족인형으로 세우게 한다.

2) 어린 시절 힘들었던 경험을 가족인형으로 세우기

(1) 어린 시절 유사하게 힘들었던 경험을 떠올리며 그 순간(장소, 시간 등)을 인형으로 재연하여 세우게 한다.

(2) 세워진 가족 인형 속에서 나를 보게 하고(위치, 방향 등), 그 느낌을 이야기하게 한다.

(3) 내담자는 세워진 다른 가족들의 눈에 비쳐지는 자신을 경험한다. (다른 가족들은 나를 어떻게 바라보는가? 나를 어떻게 생각하는가? 등)

(4) 현재의 가족문제와 어린 시절 힘들었던 경험이 어떻게 유사하게 작동하는가?

사용가능한 기법

가족세우기 기법
순환적 질문기법
가족인형 투사기법

■ 이론적 배경

순환적 질문기법

가족치료는 상담사가 첫 면담부터 마지막 종결까지 내담자와 대화를 통해서 이끌어가기 때문에 상담사의 질문방식은 매우 중요하다. 전통적인 질문기법으로 직선적 질문방법이 있으며, 가족치료에서 발전된 질문모델인 순환적 질문 방법이 있다. 내담자는 상담사의 질문에 따라서 대답하기 때문에 대화방식이 단지 문제 중심과 증상에만 머무를 수도 있다. 또한 질문과 대답은 단지 사실에 대한 정보제공만 아니라 드러나지 않은 새로운 사실도 만들어 낸다는 것이 중요하다. 상담사와 내담자의 면담 속에서 내담자가 인식하지 못한 새로운 사실을 재발견한다는 데에 큰 의미가 있다. 질문을 통하여 가족들이 지각하는 사실과 차이를 인식하게 함으로 또 다른 사실로 변화시킬 수 있다는 것이 순환적 질문기법의 치료적 의미이다.

이탈리아 밀라노모델에서 발전된 순환적 질문기법은 가족체계의 하위 체계간의 연관성에 초점을 두고 있는 기법으로, 가족구성원들에게 가족 상호작용 유형이나 가족관계에 대해 질문을 함으로써 가족 구성원간의 차이를 설명하기 위한 것으로 어떤 특별한 상황과 관계 맥락을 중요시 한다. 예를 들어, 빠르다, 성급하다, 게으르다와 같은 이런 개념들의 차이는 모두 누구와 차이라는 비교와 관계성 안에서 이해되어야 한다. 인간의 차이는 또 다른 차이를 만들어 낸다는 사실에 근거하여, 순환적 질문은 가족들의 사고의 차이, 관계성에 대한 차이, 인식의 차이, 상황에 대한 차이 등을 구체적으로 밝혀 주는데 아주 용이하게 사용된다.

인간의 모든 소통은 개인의 가치와 지각을 나타내는 삶의 표현이며, 또한 다른 사람에 대한 자신의 메시지의 표현이다. 만약에 아내가 화가 났다면 "왜 화를 내는가?, 무슨 일이 있었나?" 라는 단순한 질문은 직선적인 대답만을 이끌게 된다. 단지 남편이 불성실해서, 아니면 속상해서 그렇다고 대답하게 만들지만, 순환적 질문은 아내에게 "당신이 화가 나는 것이 남편에게 어떤 의미가 있다고 생각합니까?" 또는 아들에게 "아빠가 엄마의 화난 상태를 보고 어떤 감정이 생긴다고 생각하니?" 라고 질문한다. 이런 질문은 부부의 관계성의 의미를 다른 사람의 대답을 통해서 서로에 대한 지각과 관계가 어떤지를 알게 한다. 또한 자신의 감정표현이 다른 가족에게는 어떤 연관성이 있고 어떤 의미가 있는지를 알게 해 준다.

순환적 질문방식은 문제 사정에서 현재가족들의 역기능적인 관계 패턴을 가족들이 인식하도록 하고, 사고의 자극과 변화를 주도록 돕는 데에 목적이 있다. 순환적 질문기법은 먼저 가족들이 질문을 받게 되면 반사적으로 대답하기 어려워서 한 번쯤은 상황이나 문제에 대하여 심사숙고하며 대답할 수 있도록 해준다. 그리고 가족들의 상호관계성뿐만 아니라 치료자와 가족 간의 관계성을 지각하도록 도와준다. 또한 가족 개인이 어떤 특정한 상황에서 지각한 차이나 사고의 차이를 드러나게 하며, 차이에 대한 사고를 줄여줄 수 있다.

가족인형 투사기법

가족인형 투사기법은 치료과정 안에서 내담자를 감정적으로 자극시키고, 감정적인 노출을 가능하게 하는 기법이다. 이 기법은 가족 모두가 상담에 참석하지 않은 경우에도 적절하게 사용될 수 있다. 이 기법은 개인이 잘 알지 못했거나 부정해 온 자신의 부분과 접촉하고 인식할 기회를 주어 자신 안에 통합하도록 도와주는데 목적이 있다. 이 기법은 가족 구성원들이 현재

같이 살고 있지 않은 사람과도 대화를 할 수 있도록 한다. 가족인형 투사기법은 가족 내의 투사 문제를 다루거나 서로의 차이를 이해하며 감정적인 정화를 가능하게 해주는 유용한 기법이다. 가족 안의 갈등의 요인에는 체계에서 오는 갈등과 가족구성원 중에 특히, 부모 중에 어린 시절에 경험한 상처와 갈등을 내면화시키고 이것은 성장하여 부모가 된 후 다른 가족들에게 표출시킴으로서 갈등을 유발시킨다. 어린 시절에 경험한 갈등에 대한 기억은 현재의 인간관계에 영향을 미친다. 어린 시절 부모로부터 받은 상처의 기억은 현재 관계하는 인물들과 연결이 될 수 있다. 전이를 통해 예전의 사람과 가졌던 갈등이 다시 살아나게 되며 새로운 가족관계를 맺은 사람과 또는 자녀에게 이러한 갈등의 감정을 동일하게 느끼게 된다.

어린 시절 우리는 부모와의 일정한 경험을 내면화한다. 게슈탈트에서는 이 과정을 '내사'라고 말한다. 이 내면화 과정에서 우리는 의식적으로 소통과정 안에서 한 측면만을 동일시하며, 다른 면은 부인하고 분열시켜 버린다. 그렇게 분열되고, 부인된, 무의식적인 면이 흔히 가족체계 내에 나타나거나 자녀와 부모에게 투사된다. 이것이 의사소통의 문제를 낳고 고통스러운 감정을 만들어내도록 한다. 투사는 가족체계 안에서 현실에 대한 왜곡을 가져오게 하므로 가족으로 하여금 현실을 왜곡하게 하고, 이 왜곡된 감정 속에서 가족 관계를 형성하게 한다. 따라서 가족인형 투사기법은 상대방에게 투사하는 자신의 왜곡된 믿음이나 감정을 자신의 것으로 인정하도록 해준다. 즉 왜곡된 감정들을 드러내고, 인정하고, 자아 속에 통합시키도록 하여 다른 구성원들과 좀 더 현실적으로 상호작용 할 수 있게 한다. 가족인형 투사기법과 가장 유사한 기법이 빈 의자 기법이다.

투사 과정을 끊기 위해서 이 기법은 부모가 자신의 부인되었던 부분을 이해하고 그것을 투사하지 않고 자신에게로 초점을 바꿈으로써 자녀와의 관계를 더 잘 할 수 있게 된다. 또한 이 기법은 자녀나 배우자를 이해하는데 사용되며 그렇게 함으로써 자신이 하고 있는 타인과의 상호작용에서의 문제점에 대해 책임을 지고 가족 속에서 새로운 행동을 실험하도록 격려된다.

가족인형 투사기법은 가족인형을 사용해서 누구에 대해서 말하는 대신 누구에게 직접 말하도록 시킬 수 있는 장점이다. 즉, 직접대화의 이점이 있다. 직접대화는 간접적인 묘사에 비해 훨씬 큰 위력을 가지고 있다. 예컨대, 어머니에 대해 말하는 것은 어머니와 관련된 여러 가지 상황을 말로 설명해야 하는 번거로움이 있고 또한, 자칫 어머니의 행동을 일방적으로 자신의 주관에 따라 규정짓고, 그것의 원인에 대해 인과적으로 설명하거나 개념적으로 분석해버림으로써 어머니를 실존적으로 체험하지 못하고 대상화 시킬 위험이 있다. 반면에 직접대화에서는 성원들이 내담자의 문제 상황과 함께 여러 가지 행동들을 직접 관찰할 수 있는 이점이 있으며, 또한 내담자가 처한 상황을 직접 관찰할 수 있기 때문에 내담자의 행동이나 감정을 이해하거나 공감하기가 쉽다.

*** 가족인형 투사기법 진행과정 ***

이 기법에서는 가족인형이 사용된다. 상담사는 내담자에게 다루고자하는 인물의 인형을 세우게 한다. 다루고자하는 인물을 상징하는 인형과 그 앞에 본인을 상징하는 인형을 세운다. 본인의 인형을 보고 상대편에게 대화하게 한다. 상담사는 "여기 당신의 어머니가 앞에 있습니다. 자녀인 당신에게 무슨 말을 할지 이야기를 해보십시오(이야기가 충분히 나왔다고 여겨질 때). 이제 당신이 어머니에게 말씀하여 보십시오." 라고 지시한다. 이렇게 내담자의 양측 사이에 대화가 계속된다. 본질적으로 이것은 역할놀이기법의 하나로 모든 배역은 내담자가 혼자서 하게 된다. 상담사는 내담자가 상대방의 역할을 하는 과정에서 치료에 중요한 말이 나오면 내담자에게 상대방에게 자신의 입장을 이야기하도록 하는데, 어느 정도 중요한 '자아 속의 감정의 통합' 이 일어날 때 까지 이런 방식으로 역할을 바꾼다.

이런 방법으로 자신에게 투사된 사고는 표면화되고 내담자는 자신의 갈등을 충분히 경험하게 된다. 갈등은 내담자가 양측을 모두 받아들이고 통합함으로써 해결된다. 이 기법은 내담자로 하여금 상대방에게 투사하였던 감정이 바로 자기의 실제적인 일부분임을 깨닫게 함으로써 내담자는 투사를 거두도록 이끈다.

5. 마음에 박힌 유리조각 빼내기

부부와 가족구성원 중에서 과거에 받은 상처를 직면시킨다. 이를 통해 부부와 가족구성원들 안에서 여전히 아물지 않고 있던 상처의 기억을 다룬다.

■ 진행과정

1) 힘들었던 상처가 되었던 내용을 대화로 나눈다.

(1) 힘들었던 당시의 내용을 상대방 또는 상담사에게 말하게 한다.

(2) 경청하는 상대방은 변명과 방어로 대응하기보다 공감적 경청의 자세를 유지하며 촉진한다.

2) 상처에 밴드 붙여주기: 힘들었던 장면을 가족인형으로 세운다.

(1) 내담자 스스로 힘들었던 상황을 세울 수 있지만 상담사가 내담자 대신 세워 줄 수 있다.

(2) 세워진 인형을 보고 내담자는 구체적으로 무엇이, 어떻게 힘들었는지를 설명하게 한다.

(3) 치유고백하기

사용가능한 기법

상처에 밴드 붙여주기 기법(부부 사이에 또는 가족구성원들 안에서 발생한 상처)
어린 시절 부모-자녀 대화: 투사를 거두기 기법(원가족 안에서 발생했던 상처)

■ 이론적 배경

어린 시절 부모-자녀 대화: 투사를 거두기

어린 시절 부모-자녀 대화는 부부상담과 가족상담에서 서로의 상처를 이해하며, 수용해주는 치료기법으로, 상대방에 대한 무의식적 투사를 알아차리게 하여 상대방에 대한 이미지를 재구성하는 치료적 모델이다. 어린 시절 부모-자녀 대화는 배우자가 어린 시절 부모로부터 충족되지 못한 필요들을 표현하기 위해 가족인형으로 부모와 자녀를 세우고 부모에게 자신의 좌절된 욕구와 감정을 표현하게 한다. 이 작업에서 배우자는 관찰자로, 다음에는 배우자의 좌절된 욕구를 알아차리고 존중해주는 역할을 하게 된다. 그동안 결혼생활에서 좌절감을 느끼며, 배우자 또는 자녀에게 계속 요구해오던 것들은 놀랍게도 대부분의 경우 자신들의 부모에게 하고 싶었던 말들일 수 있다. 예를 들면, 관심받기를 원하지만 배우자와의 감정적인 불통에 대한 두려움은 자신의 어린 시절의 부모와의 관계역동과 일치한다.

어린 시절 부모-자녀 대화는 게슈탈트 요법을 빈 위자 기법과 이마고 치료의 부모-자녀 대화를 사용하여 어린 시절의 상처가 치유되도록 이끈다. 여기서 중요한 것은 어린 시절 부모에게 좌절된 욕구를 표현하는 과정 속에서 스스로 투사를 알아차리는 것이다. 먼저 가족인형으로, 두 번째는 배우자를 통해 과거에 받지 못했던 욕구들을 대리 부모역할을 하는 배우자에게서 간접적으로 받도록 하여 부부 좌절감을 치료한다. 어린 시절 부모-자녀 대화를 통해 어린 시절의 욕구가 관계에 어떻게 영향을 주는지, 배우자의 욕구와 만나는 긍정적인 경험은 무의식적으로 살아왔던 이전의 결혼생활 태도를 깨닫게 되면서 배우자의 행동이 이해가 되어 의식적인 결혼생활 태도로 바뀌게 한다. 가족투사기법과 어린 시절 부모-자녀 대화의 가장 큰 차이는 치유고백의 활용에 있다. 어린 시절 부모-자녀 대화는 적극적으로 상담사가 치유고백을 사용할 수 있다.

치유고백하기

부부가 나란히 참가하였다고 하더라도 세워진 인형으로 내담자의 감정과 메시지를 표현하게 한다. 치유고백은 가능한 설명조가 아닌 가장 간단한 용어로 내담자의 감정을 표현하게 한다. 치료의 마지막 작업 속에서 내담자가 가족구성원들에게 또는 상담사에게 치유의 문구를 고백하는 의식이 있다. 이 고백 작업을 통해 내담자는 자신의 감장과 내면의 소리를 통합하게 된다. 치료과정 안에서 내담자가 자기고백을 하는 과정은 중요한 치료적 과정이다. 고백을 통해 내담자는 자신의 감정에 직면하게 되고 자기의 깊은 내면에 있던 마음을 끄집어내게 된다. 이를 통해 변화에 대한 가능성을 갖게 되며 변화를 위한 치료적 결단에 이르게 된다.

치료적 고백은 먼저 내담자를 대신하는 상담사에 의해서 이루어진다. 고백을 하는 대상은 배우자, 어머니나 아버지, 아내나 남편, 조부모 또는 자녀들 일 수 있다. 상담사가 내담자에게 고백을 하게 하는 동안 가족구성원들 사이에는 깊은 마음의 동요가 일어나고 감정적으로 몰입된다. 이 때 내담자의 고백은 자발적이며 진실하게 이루어져야 한다. 만일 내담자가 단순히 의무적으로 따라한다면 의미있는 변화를 가져오지 못한다. 종종 내담자 중에 고백을 거부하거나 별 성의 없이 따라하는 경우가 발생한다. 이 경우 치료는 겉돌게 되며 치료를 위한 진전이 이루어지지 못한다. 고백은 내담자나 또는 대리인이 즉흥적으로 대상에게 스스로 할 수 있으나 대부분의 경우는 치료사의 말을 따라서 고백이 이루어진다. 치료사가 이끄는 고백의 내용은 다음과 같다.

사 례

"여보 나는 너무 힘들었어" (좋은 표현)
"여보 나는 당신이 그 때 전화를 하지 않고 나를 기다리게 해서 답답했고 아직도 그 때의 상처가 있어" (좋지 않은 표현)

"엄마 저는 엄마의 딸이에요" (좋은 표현)
"엄마 언니만 좋아하시고 언제나 저에게 관심이 없던 엄마에게 화가 늘 나있었어요" (좋지 않은 표현)

치료과정 중에 내담자에게 감정이 올라와서 우는 경우 자연스럽게 가족들이 손으로 포옹하게 한다.

부부 관계에서 고백할 수 있는 말	- 당신은 제 아내/남편입니다. 저를 당신의 배우자를 선택해주셔서 고맙습니다. - 당신은 제 아내/남편입니다. 저는 당신을 저의 배우자를 선택하였습니다. 그 선택에 대한 책임을 지겠습니다(부부가 갈등 상황 속에 있는 경우). - 이제까지 당신에게 받았던 모든 것을 고맙게 생각합니다. 그리고 당신이 나에게 받았던 것들을 잘 간직하시길 바랍니다. 우리 관계가 헤어진 것에 대하여 저와 당신이 함께 책임을 지겠습니다. 당신을 저의 전 남편으로 가슴에 간직하겠어요. 당신의 삶이 평안하기를 바랍니다(부부가 헤어질 경우). - 이 분이 저의 남편(아내)입니다. 제 남편을 좀 잘 봐 주십시오. - 저는 당신의 남편과 조금 더 함께 살다가 저도 언젠가는 헤어질 것입니다.(현재 아내가 전 아내에게) - 당신의 운명과 당신의 결정을 존중합니다. 당신이 아주 평안하길 바랍니다. 저의 인생이 좀 더 지속되고 잘 될 수 있기를 바랍니다(자살한 배우자에게 또는 갑작스런 죽음을 당한 경우).

부모-자녀 관계에서 자녀가 부모에게 고백하는 말	- 엄마(아버지)를 존경하며 엄마의 인생을 존경합니다. - 엄마(아버지), 저는 엄마의 딸입니다. 저는 엄마와 비슷합니다. - 엄마(아버지)! 저는 단지 자녀일 뿐입니다. 엄마(아버지)는 크고 저는 작습니다(부모와 자녀 사이의 질서가 흔들리는 경우). - 사랑하는 엄마(아버지), 저는 엄마(아버지)의 자녀입니다. 저는 엄마(아버지) 옆에 서고 싶습니다. 허용해 주십시오(가족으로부터 소외되어 있는 경우). - 부모님들 사이에 일어난 일은 부모님의 일입니다. 저는 자녀로서 부모님의 일에 나서서 결정하지 않겠습니다(부모의 이혼, 외도문제인 경우). - 부모님께 정말 감사합니다. 이제까지 먹여주시고 입혀주시고 저를 위해서 헌신하신 것 고맙습니다. 이제는 제가 스스로 하겠습니다(부모의 지나친 간섭과 구속). - 사랑하는 엄마, 엄마의 죽음을 절대 헛되이 하지 않겠습니다(자녀 출산시 사망한 경우). - 엄마는 저의 유일한 엄마입니다. 저는 또 제 아내가 있습니다(엄마와 아들 사이의 밀착이 심한 경우). - 엄마! 이 사람이 제 아내입니다. 제 아내를 잘 봐 주십시오. 우리를 축복해 주십시오(아들이 엄마에게). - 엄마(아버지, 할머니, 할아버지), 저희 가족이 인사드립니다. 여기가 제 가족들입니다. 제 가족들에게 축복을 해 주십시오(돌아가신 부모님께 자녀가) - 엄마(아버지), 저는 엄마(아버지)와 함께 한 가족입니다(자녀가 부모와 오랫동안 관계가 없었을 경우). 저는 엄마(아버지)의 딸입니다. - 엄마(아버지)! 엄마(아버지)는 저의 엄마(아버지)입니다. 제 가슴속에는 항상 엄마(아버지)가 있습니다(부모가 일찍 사망한 경우).

(참조 : 최광현, 2008)

6. 안아주기 환경 촉진

상대방이 자신을 신뢰하고 믿을 수 있다는 확신이 필요하다. 일종에 응석을 받아 줄 수 있는 토양을 만들어 주는 과정이다.

■ 진행과정

1) 가족인형으로 부부를 세우고 부부 대화법을 진행한다.

2) 실제 부부가 서로를 보고 부부 대화법을 진행한다.
(상대편이 심하게 저항을 하거나 변호를 하는 경우 인형으로만 진행한다)

사용가능한 기법
부부 대화법

■ 이론적 배경

부부 대화법

부부대화법은 이마고 치료에서 발전된 기법으로 세 단계로 이루어지는데, 반영하기, 인정하기, 공감하기 등을 의식적이고 지속적으로 활용하도록 이끈다. 이를 통해 부부 사이의 연결점이 회복되며, 이 연결점은 정서적 상처를 치유하여 부부관계의 성장과 심리내적인 발전을 가져온다. 먼저, 반영하기는 부부를 연결하고, 두 번째, 인정하기는 동등감을 갖게 하며, 세 번째, 공감하기는 자기 자신을 초월하여 타인과 관계하게 한다. 자신을 초월하여 다른 사람의 생각이나 느낌을 들어줄 때, 그 사람은 다른 사람과 진정으로 연결될 수 있다. 상대방 역시 서로의 감정이 연결될 때 치유가 일어난다. 그러므로 부부대화의 주된 목표는 부부가 연결을 회복하는 경험, 과거에 상실했던 부분이 회복되는 하나됨의 경험이 모든 상황에 의식적으로 적용되어지도록 도와주는 것이다. 부부가 자신들의 상처를 치유하고 배우자의 상처를 치유하는 방법을 알게 될 때 감정의 교류가 가능하게 되며, 결혼생활과 그들 자신의 성장에 대하여 서로 도와주기 시작한다. 부부관계 성장에도 서로 감정이입하기 위하여 그리고 상처가 있는 배우자의 이미지를 재구성하기 위하여 서로 잘 들어주는 역할이 중요하다. 부부가 서로 잘 들어줄 때, 어린 시절 부모와의 관계에서 발생한 배우자의 상처와 고통을 볼 수 있고, 동시에 자신의 상처와 고통을 볼 수 있다(Luquet, 1996).

부부대화법 과정을 통해 상대방으로부터 공격당했다고 여겨지는 순간 어떻게 자신을 방어하는지를 알 수 있다. 이 때 상담사는 누가 공격하기, 회피하기, 죽은 척 하기, 복종하기, 숨기 등의 방어기제를 활용하는지를 보게 된다. 또한 부부대화에서 누가 대화를 '최소화'하고 또는 '최대화' 하는 것에 에너지를 쏟는지를 보게 된다. 그들은 서로 상반된 유형으로 대화를 주고받기 때문에 배우자가 하는 말을 듣는 것이 아니라 서로 최대화 하거나 최소화하는 것만을 들으며, 그로 인해 서로의 방어기제들을 활용하여 서로에게 상처를 주게 된다(Luquet, 1996). 부부대화법을 이끄는 상담사는 사정에 따라 적극적으로 스스로 모범이 될 수 있으며 원활한 대화를 이끄는 코칭의 역할을 수행하게 된다.

---

7. 감정 다루기

■ 진행과정

1) 상담자가 내담자의 감정을 효과적으로 다룰 수 있는 기법으로 감정 반영하기

상담자는 가능한 긍정의 확신을 갖고서 내담자와 더불어 내담자의 고통의 원인이 있는 곳을 발견하기 위해서 가장 깊은 절망 속으로 들어가야 한다. 내담자가 가진 절망에 다가가기 위해서는 내담자의 감정을 다루어야 한다.

2) 감정의 배출을 돕기

상담사는 내담자의 감정을 변화시킴으로써 강점을 활성화하고 그의 자기책임성을 일깨워준다. 내담자가 보다 긍정적인 자세에서 위기에 대처하기 위해서는 무엇보다 부정적 감정의 배출이 필요하다.

■ 이론적 배경

감정 배출

부정적인 감정은 문제해결과 변화의 장애물이다. 이러한 장애물을 축소시키지 못하면 상담의 진행이 원활하지 못한다. 내담자가 마음속에 짜증이나 분노에 휩싸여 있고 우울과 원망의 감정이 많을수록 올바른 선택이 어렵고 홧김에 일을 저지를 수 있다. 그러나 부정적인 감정이 배출되어 축소되면 내담자는 위기상황이 여전히 존재하더라도 예측 가능한 선택을 할 수 있게 된다.

Rogers는 공감, 진실성, 무조건적인 존중이 내담자의 부정적 감정의 배출에 도움이 된다고 말한다. 상담자는 이러한 세 가지 자세를 유지하면서 다음과 같은 과정을 진행한다.

① 내담자가 지금 느끼는 감정을 인정한다.

내담자는 중압감에 시달릴 때 방어적이 될 수 있다. 상담자는 공감적 이해를 통해 내담자의 부정적 감정을 수용한다.

② 내담자의 감정을 명명한다.

감정반영기법의 도움을 통해 상담자는 내담자의 부정적 감정을 무엇이라고 명명한다.

비록 내담자는 부정적 감정이 당장 해소되지 못한다고 하더라도 자신이 느끼는 감정이 무엇인지를 말하고 여기에 명명을 하게 되면 한결 마음이 가벼워진다.

③ 내담자가 호소하는 부정적인 감정이 암시하는 의도를 파악한다.

"나는 무척 화가 나서 아들과 한바탕 싸웠어요. 그리고는 싸운 것이 너무 속상해서 방에 들어가서 한참을 울었지요." 여기서 내담자는 아들에 대해 화가 나있지만 이러한 분노의 뒷부분에 죄책감을 갖고 있음을 나타낸다.

---

8. 의사소통 촉진하기

언어적 소통의 회복은 접촉에서부터이다. 부부인 경우 남편이 자신의 인형을 통해 아내의 인형의 손을 접촉하고 몸을 접촉하게 한다. 역시 엄마와 딸의 경우 엄마가 딸의 손에 접촉을 하고 몸을 안아준다. 안아주는 접촉을 통해 언어적 의사소통을 훈련시킨다.

■ 진행과정

1) 의사소통 코칭

(1) 한 주 동안 부부 또는 가족 사이에 대화가 어려웠던 주제를 나누게 한다. 여기서 상담사는 적극적인 코칭으로서 코치 역할을 한다.

(2) 상대방에게 하고 싶은 말을 하게 한다. (잔소리와 비난의 말이기보다 부부대화법의 표현방식으로 진행한다)

(3) 말을 경청한 상대편이 역시 다시 자기의 말을 하기보다 그러한 말을 한 상대편을 안아준다. 가족인형을 통해서 안아주기를 시도한다.

(4) 상대방에게 기존의 용어인 비난, 잔소리, 방어가 아닌 접촉을 동반한 소통을 이끌도록 훈련을 시킨다.

사용가능한 기법

소통의 코칭
인형을 통한 접촉

참고문헌

김유숙 (2000). 가족상담. 서울: 학지사.

이부영 (2015). 분석심리학 이야기. 서울: 집문당.

최광현 (2008). 가족세우기 치료. 서울: 학지사.

최광현 (2012). 가족의 두 얼굴. 서울: 부키.

최광현 (2013). 가정 내 성폭력(근친상간) 피해 청소년 내담자에 대한 인형치료 사례 연구, 한국청소년시설환경학회, 11 (4), 29-39.

최광현 (2014). 청소년 내담자를 위한 인형치료에 내면아이의 중요성과 치료적 활용에 관한 사례 연구, 한국청소년시설환경학회지, 12(4), 211-223.

최광현 (2016). 인형치료: 상징체계의 활용. 서울: 학지사.

한병철 (2012). 피로사회. 서울: 문학과지성사.

Boszormenyi-Nagy, I. & Spark, G. (1999). Unsichtbare Bindung, 5. Aufl. Stuttgart: Klett-Cotta.

Bowen, M. (1978). On the differentiation of self. Family Therapy in Clinical Practice. New York: Jason Aronson.

Bowen, M. (1976). Theory in the Practice of psychotherapy: P. J. Guerin, Ed. Family Therapy, New York : Gardner Press.

Bowen, M. (1990). Family Therapy in Clinical Practice, Northvale, London: Jason Aronson Inc.

Bradshaw, J. (2000). 수치심의 치유. 김홍찬, 고영주 공역. 서울: 한국시독교상담연구원.

Brwon, R. (2009). 이마고 부부관계치료 이론과 실제. 오제은 역. 서울: 학지사.

Dodson, L. S. (1988). 가족상담의 이론과 실제. 이근후, 박영숙 공역. 서울: 하나의학사.

Gil, E. (2016). 가족놀이치료. 진혜련, 허미정, 최연실 역. 서울: 학지사.

Franz, M. L. von, (1994). Archetypische Dimensionen der Seele, Einsiedeln: Daimon Verlag.

Freud, S. (1958). “Remembering Repeating and Working Through” in Complete

Works, Trans. Joan Riviere, vol. 12(London: Hogarth Press).

Haley, J. (1994). 증상해결 중심치료(Problem Solving Therapy). 하나의학사.

Hellinger, B. (1994). Ordnungen der Liebe. Heidelberg: Carl-Auer-Systeme Verlag.

Hellinger, B. & ten Hövel, G. (1997). Anerkennen, was ist- Gespräche über Verstrickung und Lösung. Zusammen mit Gabriele ten Hövel. München.

Hellinger, B. (1999). Wie Liebe gelingt. Heidelberg: Carl-Auer-Systeme Verlag.

Hellinger, B. (2001). Der Austausch. Heidelberg: Carl-Auer-Systeme Verlag.

Jellouschek, H. (2006). Wie Partnerschaft gelingt-Spielregeln der Liebe, Herder Feiburg im Breisgau.

Hollis, J. (2015). 김현철역. 내가 누군지도 모른 채 마흔이 되었다. 더퀘스트.

Jung C. G. (2016). Aion:어디서 잃어버린 자아를 찾아서. 김세영, 정면진 역. 부글북스.

Kast, V. (1994). Vater-Toeechter Mutter-Soehne, Stuttgart: Kreuz Verlag.

Kaufman, G. (1992). Shame: The Power of Caring. 3rd rev. ed. Rochester, Vt.: Schenkman Books.

Luquet, W. (1996). Short-Term Couple Therapy: The Imago Model in Action. New York: Paterson Marsh Ltd. 송정아 역(2004). 이마고 부부치료. 서울: 학지사.

Maaz, J. (2008). Die Liebesfalle. Muenchen: Verlag C. H. Beck oHG.

McIntyre, V. (1999). Sheep in wolves' clothing. Michigan: Grand Rapids.

Minuchin, S. (1974). Family & Family Therapy, Cambrige, Massachusetts: Harvard University Press.

Satir, V. (1979). Familienbehandlung, Stuttgart: Krett-Cotta.

Scharff, D. J. & Scharff, J. S. (2006). 대상관계 가족치료. 이재훈 역. 서울: 한국심리치료연구소.

Tisseron, S. (2006). 가족의 비밀. 임호경 역. 서울: 궁리.

Watson, P.(2010). 거대한 단절. 조재희 역. 서울: 글항아리.

Wolynn, M.(2016). 트라우마는 어떻게 유전되는가. 정지인 역. 서울: 푸른숲.

Wynn, J. C. (2002). 가족치료와 목회상담. 서울: 한국장로교출판사.

<부 록>

인형치유공방[1)]

1. 손가락 걱정인형을 소개합니다.

부부·가족인형치료 종결 시점에 부부 및 가족 모두가 함께 손가락 걱정인형을 만들게 한다. 가족 구성원이 경험한 상처와 갈등을 걱정인형을 통해 건강한 방식으로 투사할 수 있도록 하며 부정적 감정을 안전하게 표출할 수 있도록 돕는다.

1) 준비물

손가락 걱정인형 패키지, 가위, 오공풀

2) 부부 및 가족구성원 각자가 갖고 있는 상처 및 걱정 등을 이야기 나눈다.

3) 만드는 방법

① 진행자는 걱정 인형 패키지를 참가자들에게 나누어 준다.

② 패키지 내용물을 빼서 오감을 통해 탐색한다.

③ 걱정 인형 만들기

- 얼굴 만들기: 작은 솜 공을 손가락 인형 기본형 안 맨 위쪽으로 넣고 빵끈으로 묶어준다.
- 팔과 손 만들기: 색모루로 팔과 손 모양을 만들어 손가락 인형 기

---

1) 노남숙 교수, 명지대학교 사회교육대학원 아동심리치료학과

본형의 어깨 부분 양쪽에 가위집을 내주고 이곳을 통과시킨다.

- 다리와 발 만들기: 색모루로 다리와 발 모양을 만들어 오공풀로 손가락 인형 기본형의 안쪽에 붙여준다.
- 모자 붙여주기: 오공풀을 모자 안 쪽에 발라준 후 손가락 인형 얼굴의 머리 부분에 붙여준다.

④ 완성된 걱정인형을 손가락에 장착 후 움직여보면서 나의 걱정을 인형에게 이야기 한다.

⑤ 나의 걱정인형을 주변 참가자들에게 소개하고 함께 이야기를 나눈다.

- 유의사항 및 활동 팁 -

걱정인형의 기본형은 얼굴에 눈이 없는 것입니다. 이것은 다양한 얼굴표정을 상상하기 위한 심리적 장치입니다. 인형을 만들 때 상담자는 이것을 꼭 설명해주세요.

<인형치유 공방 사진 1 - 걱정인형>

2. 동물인형 '귀요미'를 소개합니다.

인형진단평가를 실시 한 후, 내담자와 함께 '귀요미' 인형을 만들면서 희망, 용기, 사랑에 대한 느낌을 공유한다. 인형진단평가에서 발견한 자신과 타인 그리고 관계의 경험을 이 세상에 하나 밖에 없는 내담자의 맞춤형 '귀요미' 인형을 통해 내면의 힘을 키우고 성장할 수 있게 한다.

1) 준비물

소망 인형 패키지, 네임펜 세트, 양면테이프, 가위

2) 만드는 방법

① 소망인형 패키지의 내용물을 상담자와 내담자가 함께 열어보기

② 상담자와 내담자가 함께 동물인형에 대하여 이야기 나누기

③ 상담자와 내담자가 함께 만들 소망인형을 탐색하기

- 감각을 통해서 인형 경험하기(바라보고, 만져보고, 맡아보고, 흔들어보기)

④ 소망인형을 구체적으로 꾸며주기

㉠ 상담자가 내담자에게 인형의 가슴에 새기고 싶은 의미 있는 단어를 함께 이야기 나눈 후 이를 네임펜으로 인형 가슴에 하트모양을 그리고, 그 안에 단어를 적어준다.

- 사랑해, 힘내자, 파이팅. 멋진 너, 감사해, 행복해, 고마워 등의 긍정적인 단어들을 적도록 하자 : 상담자가 적어도 되고, 내담자가 적어도 됨.

㉡ 옷을 입혀주기 : 몸통에 양말을 활용하여 옷을 입혀준다.

- 양말의 한쪽 가장자리를 가위로 1자 형태로 가위집을 여러 개 내어주기 -> 가위집을 내어 준 양말을 인형 몸통에 두른 후에 가위집 내어 준 끝단을 서로 교차하여 꽉꽉 묶어주면 됨.

㉢ 모자나 꼬리 등을 꾸며주기: 상담자와 내담자는 모자와 꼬리를 선택하여 만든다.

- 모자: 양말의 입구 부분에서 약 4-5센티미터까지 잘라 이것으로 뚝딱 모자를 만들어준다(자른 양말 중간에 고무줄을 묶어주면 모자 완성).
- 꼬리: 양말을 1센티 정도로 두 개의 긴 줄 형태로 잘라주고 이것을 서로 묶어준다.
- 완성된 모자나 꼬리에 양면테이프를 통해 상담자와 내담자가 의논하여 인형의 적당한 곳에 붙여주면 됨.

㉣ 창조적인 얼굴표정 네임펜으로 함께 그리기

- 포스트잇에 먼저 얼굴표정을 그려본 후 마음에 드는 표정이 결정되면, 인형 얼굴을 네임펜으로 그린다(상담자 그려주어도 되고 내담자 그려도 됨).

㉤ 인형 고리에 줄을 매달아주기

㉥ 귀요미 인형 만들기 활동을 하면서 느낀 점 이야기 나누기

<인형치유 공방 사진 2 - 동물인형 귀요미>

3. 내면아이 인형을 소개합니다.

인형집단프로그램에서 또래와 협력하여 긍정적인 내면의 소리를 구축하기를 목표로 하여 '행복한 나만의 인형만들기'를 실시한다.

1) 준비물

내면 아이 인형 패키지, 가위, 풀, 네임펜, 포스트잇

2) 만드는 방법

① 진행자는 내면 아이 인형 패키지를 참가자들에게 나누어 준다
② 패키지 내용물을 빼서 오감을 통해 탐색한다.
③ 내면 아이 인형 만들기
- 얼굴 만들기: 스티로폴 공을 양말에 넣고 묶어주고 아래 남는 부분은 가위로 잘라준다
- 몸통 만들기: 양말에 솜을 넣는다.
- 나와 참가자들이 써준 메시지를 내가 만든 인형 몸통 가슴에 넣게 한다.
- 얼굴과 몸통을 합체한다(앞뒤로 옷핀을 꽂아서 고정시킨다).
- 양말 남은 부분으로 목도리를 만들어 목에 감싸주거나 묶어준다.
- 모자 만들기: 양말 남은 부분을 잘 접어 옷핀으로 꽂거나 고무줄로 묶어서 귀여운 모자를 만든 후 머리 위에 씌어준다.
- 눈, 코, 입 만들기: 네임펜을 이용하여 눈, 코, 입을 그려준다.

④ 긍정적 자기상이 넣어진 내면 아이 인형을 집에 가져가서 간직하게 한다.

<인형치유 공방 사진 3 - 내면아이 양말인형>

부부·가족 인형치료

1판 1쇄 발행일 • 2018년 6월 15일
1판 2쇄 발행일 • 2019년 9월 25일
1판 3쇄 발행일 • 2020년 4월 15일
1판 4쇄 발행일 • 2021년 9월 15일

지은이 • 최광현
펴낸이 • 최재일
펴낸곳 • 한국인형치료연구회
주 소 • 경기도 군포시 번영로 557번길 18
전 화 • 031 - 457 - 2960
팩 스 • 031 - 427 - 2961
홈페이지 • http://www.figuretherapy.org
도서번호(ISBN) • 979-11-958279-2-3
정 가 • 20,000원